フレイルを予防し、老後を元気に暮らすためのらくらくメニュー

いっしょに食べよう

川口　美喜子

木星舎

はじめに・・「からだにやさしい食事」サービス

　平成二十五年四月、私はそれまで九年間管理栄養士として働いていた島根大学医学部付属病院から東京に拠点を移し、大妻女子大学で教育に携わるようになりました。病院で入院患者の生活と治療を支えるために、栄養管理と食事治療を行ってきた私は、それまで培ってきた栄養学の実践を継続できる現場を求めていました。幸い縁あって、その年の七月から東京都新宿区都営戸山ハイツ内にある「暮らしの保健室」*にボランティアとして参加し、昼食サービスを始めることになりました。

　都営戸山ハイツには、三六六四世帯の住民約五九〇〇人が暮らし、六十五歳以上が五二・二％（二〇一五年十二月現在）と、大都会の中にあって高齢化率が極端に高い団地です。その一角に開かれた「暮らしの保健室」に毎週木曜日昼前に、家で用意してきた食材を両手で持てないほどたくさん運びこみ、小さなキッチンでお料理をします。

　お客様は戸山ハイツの住民、「暮らしの保健室」の利用者、毎回十数人の方が保健室の中央に据えられた大きなテーブルを囲んで待っていてくださいます。「からだにやさしい食事」と名付けたこのサービスですが、よほど重要な用事がない限り続けてきたせいか、最近は二交代にしてお食事を出さなければならないほど参加者が増えてきました。

　私が在宅における栄養管理の大切さを意識したきっかけは、島根大学病院での仕事を取材し、何かと相談にのってくださったＮＨＫの門田収平ディレクターから「病院では、最期の時まで食べることを支え続けられるけど、病院から一歩出た患者はどうやって支えられていくのですか」と問いかけられたこと、もう一つは「暮らしの保健室」の秋山正子室長が、「退院する、回復するなど病院のように先に目標のない在宅での療養だけど、生きているうちはみんな穏やかに生きていたい。在宅は、命の長さよりも限りある生の質を大切にするところ」と語ってくださったことです。病院にいた頃は、日常の暮らし、在宅の長い時間を支える食事についてはあまり考えてなかったかもしれません。

「暮らしの保健室」には、当たり前の生活を一所懸命続けている方たちがいらっしゃいます。うつ状態のためにデイサービスにも行けない方や食べることに意欲を失い、栄養状態が不良であった方が友人やヘルパーさんとともに食事に来られます。そして、ここで笑顔を取り戻します。

ある時、七、八年前からご近所で見かけなくなったという七十歳代の女性が、ご主人に車イスを押されて食事に来られました。食欲がなく、気持ちも落ち込み、体重も三〇キロ台前半で、低栄養状態でした。ご近所の方々はびっくりして、「生きていたのね！」ととんでもない言葉で迎えていました。食事に来られるようになって数カ月が過ぎたころ、きれいにお化粧をしてひとりで杖を突き、片手にベランダに咲いた花を持って「素敵なレストランにお食事に参りました！」と明るい声で来室されたのです。彼女は、まさに「フレイル」から健康への移行を成し遂げたのです。

「フレイル」について、厚生労働省研究班の報告書では、「加齢とともに心身の活力（運動機能や認知機能等）が低下し、複数の慢性疾患の併存などの影響もあり、生活機能が障害され、心身の脆弱性が出現した状態であるが、一方で適切な介入・支援により、生活機能の維持向上が可能な状態像」と解説しています。「フレイル対策」は、今後、取り組むべき国の課題として位置づけられており、フレイルの重症化を予防するための要点として、①食べること、②社会活動、③運動や社会参加が挙がっています。まずは「食べること」からです。本書は、このフレイルを予防する、あるいは、そこから脱却するための「食」を提案しています。

ところで、フレイルになるにはもう一つ社会的な要因があると考えます。本書のタイトルを「いっしょに食べよう」としていますが、今、日本では高齢化に伴い一人暮らしの人が増え、孤食が増えてきているのです。例えば、夫婦二人で暮らしている人のどちらか片方が病に倒れたり、あるいは亡くなったりして、一人で食事をしなければならなくなったケースがあります。はじめはがんばって台所に立ち、一人分の食事を作っていてもだんだん面倒になる。

＊暮らしの保健室＝（株）ケアーズ、白十字訪問看護ステーションの統括所長・秋山正子が二〇一一年に東京都新宿区にある大型団地、戸山ハイツの一角に開設する。介護保険申請前の人、がん治療中の人、なんとなく不調だけれど病院に行くまでもないかなという人等などが気軽に立ち寄り相談できる場所。医療、介護に通じた専門家とボランティアが常駐し、様々な相談に対応し、必要な場合は、医療や行政などに適切につないでいく文字通り町の「保健室」の役割を果たしている。

「食欲もないし、今日は昼抜きにしよう」、「毎日似たようなものばかりで食べ飽きた」、「コンビニ弁当は、固くて飲み込みにくい」、「外食でお金を使いたくない」……そうしてだんだん食事から遠ざかり、日に一食になっていたという例も少なくないのです。栄養が足りなかったり、偏ったりして、知らないうちにフレイルになっています。

そうした方のために、最後の「あきらめないで　がまんしないで」の章では、市販されているレトルト商品を紹介しています。食べることをあきらめないでほしい。介護に日々追われている方には、食事作りをがんばらないで、日常の食事にこうした製品をとりいれてほしいと思います。まずは、食べること、食べる楽しさを思い出してください。

週に一食の「からだにやさしい食事」だけでは、一週間の健康を保つ栄養補給にはなりませんが、みんなといっしょに食べることは大きな喜びです。戸山ハイツの住民の日常生活の延長線上にある「暮らしの保健室」で立ち上げた「からだにやさしい食事」が利用者の生きがいの一つとなり、生きる意欲につながっているようです。また、利用者が主体的に参加することで継続的な栄養教育の場となり、フレイル予防にもなっているようです。これからも家族や仲間といっしょに無理なく食べる喜び、みんなの笑顔がこぼれる食事を提案しつづけたいと思っています。

本書では主に、「暮らしの保健室」で提供した料理を紹介しています。楽しく、美味しく、みんなでいっしょに食べることを意識したもの、フレイルの状態にあっても家族と違う食事をするのではなく、飲み込み易さや食欲を誘う少しの工夫を加えて、みんながいっしょに楽しめる料理にしています。また、どこの家庭の冷蔵庫にも、どこのスーパーにもあるような食材を使い、台所に立てば誰にでも作れる、さらに応用できるメニューを紹介しています。

掲載したメニューが施設や地域コミュニティ、みなさんの自宅で活用されることを願います。

平成三十年一月

川口　美喜子

もくじ

いっしょに
食べよう

ジャガイモのコロッケ

■材　料〈４人分〉

ジャガイモ…大２個（400g）
タマネギ…中 1/2 個（100g）
合挽きミンチ…80g
粉チーズ…30g
ゆでタマゴ…１個
牛乳または生クリーム…適宜
揚げ油…適量

■衣

小麦粉…適量
タマゴ…１個
パン粉…適量

▲320kcal（１人分）

■つくり方

①ジャガイモをやわらかくゆでてつぶす。みじん切りにしたタマネギと合挽きミンチは、フライパンに油をひいて火が通るまで炒める。

②①と粉チーズ、小さく刻んだゆでタマゴを混ぜる。やわらかくしたい時は、牛乳または生クリームを加える。

③②を12等分してたわら形に丸め、小麦粉、溶きタマゴ、パン粉の順に付けて油で揚げる。

■ひとこと

嚥下が心配な方には、コロッケを半分に割って、衣を外して中身を食べてもらいましょう。粉チーズ、タマゴ、肉などのたんぱく質食品がしっかりと入る、フレイル予防のコロッケです。

やさしいタマゴコロッケ

■材　料〈４人分〉

タマゴ…４個
ジャガイモ…大１個（200g）
タマネギ…中１個（150g）
バター…大さじ１
塩、コショウ…少々
マヨネーズ…大さじ３（30g）
牛乳…適宜
揚げ油…適量

■衣

小麦粉…適量
タマゴ…１個
パン粉…適量

▲320kcal（１人分）

■つくり方

①タマゴはゆでてみじん切り。ジャガイモはゆでてつぶす。タマネギはみじん切りにして、ゆでてバターで炒めておく。

②材料と調味料を合わせて、味を調整する。やわらかくしたい時は、牛乳を加える。

③②を12等分してたわら形に丸め、小麦粉、溶きタマゴ、パン粉の順に付けて油で揚げる。

毎日コロッケでもいいと思っていた。
ジャガイモのコロッケが、いちばん美味しいと思っていた。

▲210kcal（1人分）

ハンバーグ

■材　料〈4人分〉

合挽きミンチ…400g
タマネギ…中1個
シイタケ…2枚
ニンジン…中 1/2 個
タマゴ…1個
パン粉…1/2 カップ
牛乳…100cc
ナツメグ、塩、コショウ…少々

■煮込みソース

水…300cc
固形コンソメ…1個
しょうゆ…大さじ1
ケチャップ…大さじ6
砂糖…大さじ1
赤ワイン…大さじ1
塩、コショウ…少々

■つくり方

①パン粉を牛乳にひたす。タマネギ、シイタケ、ニンジンはみじん切りにして炒めておく。

②①とミンチとタマゴ、調味料を合わせて、粘《ねば》りが出るまでしっかりこねる。

③8等分して、小判形にまとめ、フライパンで焼く。

④ソースの材料を鍋に入れて温める。焼きあがったハンバーグを鍋に移し、弱火で煮込む。塩、コショウで味を調える。

■ひとこと

ミンチを加熱するとパラパラになりますが、ハンバーグや肉団子にすると飲み込みやすくなります。甘い煮込みハンバーグにごはんを添えて盛り付けると、ソースをからめて食べやすくなります。

▲400kcal（１人分）

トンカツ

■材　料〈４人分〉
豚ヒレ肉…400g
塩麹…大さじ２
揚げ油…適量

■衣
小麦粉…適量
タマゴ…１個
パン粉…適量

■つくり方
①豚ヒレ肉の一人分（厚さ6ミリ位）を半分に切り、塩麹《しおこうじ》をよくもみこんで1時間ほど置く。
②①に小麦粉を薄くまぶして、溶きタマゴをくぐらせ、パン粉を付けて揚げる。

■ひとこと・・塩麹の効用
最近、人気の塩麹は、米麹と塩を混ぜて発酵させたもので、肉や魚を漬けると旨味が増し、素材をやわらかくします。

スーパーなどに売ってあるので比較的手に入りやすく、少量で効果があるので便利です。

ただ、炒めものに使う時は焦げやすいので注意してください。

▲90kcal （1人分）

フライドチキン

■材　料〈4人分〉

鶏ムネ肉…１枚（250 ～ 300g）

塩麹…大さじ１と 1/2

唐揚げ粉…適量

揚げ油…適量

■つくり方

①鶏ムネ肉の皮をむいて、塩麹《しおこうじ》を肉によくもみこんで30分～1時間置く（冷蔵庫で1、2日間位は保存できる）。

②食べやすい一口大に切って、キッチンペーパーで汁気を吸い取る。

③唐揚げ粉をまぶして、油で揚げる。

■ひとこと

脂が少なくやわらかなムネ肉が、歯切れのよい唐揚げになります。肉を漬け込む時に、好みで、すりおろしニンニク、ごま油、豆板《トウバン》醤《ジャン》を少し加えて、片栗粉を付けて揚げると中華風になります。

▲80kcal（１人分）

蒸し鶏

■材　料〈４人分〉

鶏ムネ肉…１枚

白ネギ…１本

ショウガ…１片

ニンニク…２片

塩…ふたつまみ（1g）

コショウ…少々

■つくり方

①ムネ肉の厚いところは包丁で切れ目を入れ、塩、コショウをふる。

②斜め切りにした白ネギ、スライスしたショウガ、ニンニクをムネ肉に貼り付け、ジッパー付きフリーザーバッグに入れて密閉する。

③炊飯器に②を置き、フリーザーバッグが浸かるように熱湯を入れて、60分間、炊飯器を保温にする。

④薄切りにし、ポン酢、ごまダレなど、好みのタレをかける。

■ひとこと

最近、健康食として若い人にも人気の鶏のムネ肉が、しっとりとやわらかくなり食べやすくなります。白ネギは青い葉の部分だけ貼り付けて蒸し、白い部分は細い千切りにして付け合わせにしても美味しくいただけます。

「暮らしの保健室」の利用者、ボランティアさんも大好きです。

牛すじとダイコンの煮込み

■材　料〈４人分〉

ダイコン…1/3 本（300g）

牛すじ…200g

ゴボウ…200g

A
- しょうゆ…大さじ４
- 酒…大さじ４
- みりん…大さじ２
- 砂糖…大さじ２

出し汁…適量

粉山椒…少々

■つくり方

①ダイコンは2センチ程度の輪切り、牛すじは一口大、ゴボウは３センチ程度の長さに切る。

②圧力鍋に材料と調味料Ａを入れ、材料がヒタヒタになる程度の出し汁を入れる。

③圧力がかかってから５分間煮て、火を止める。

④圧が下がったら蓋《ふた》を取り、弱火で煮つめる。仕上げに好みで粉山椒《こなざんしょう》をふる。

▲130kcal（1人分）

■ひとこと

圧力鍋を使用すると、ゴボウもやわらかく食べることができます。圧力鍋がない場合は、ゴボウをニンジンに代えて、ダイコンと牛すじがやわらかくなるまで煮ます。

圧力鍋を使うと、牛すじの出し汁が多めに残ります。煮詰めてしまわずに、うどんを入れて、タマゴを落としたり、とじたりすると、美味しい煮込みうどんができます（写真右）。

▲180kcal（1人分）

ブタ汁

■材　料〈4人分〉

豚ミンチ…100g
ジャガイモ…中1個
ニンジン…30g
タマネギ…100g
キャベツ…70g
木綿どうふ…1/2丁（200g）
ショウガ汁…小さじ2
味噌…大さじ2（40g）
油…小さじ2
水…150cc

■つくり方

①ジャガイモは1センチ角に切る。ニンジン、タマネギも小さく切る。キャベツは3、4ミリ幅での千切りにする。

②鍋に油をひいてミンチを炒め、色が変わったらショウガ汁を足す。火が通ったらジャガイモ、ニンジン、タマネギを加えて炒め、水を入れて蓋《ふた》をして、やわらかくなるまで煮る。

③具材がやわらかくなったら、キャベツと、とうふを手でつぶしながら加える。

④ひと煮立ちしたら、味噌を加えて味を調える。

■ひとこと

野菜、根菜をたくさん食べることができます。嚥下に問題のある方は、ジャガイモをつぶして食べると汁にとろみがついて食べやすくなります。

水餃子

■材　料〈４人分〉
鶏ミンチ…90g
キャベツ…90g
ショウガ…10g
塩麹…小さじ１
塩、コショウ…少々
餃子の皮…25 枚
■とろみスープ
水…４カップ（800cc）
中華だしの素…小さじ３
塩…小さじ１
片栗粉…大さじ１
▲145kcal（１人分）

■つくり方
①キャベツとショウガをみじん切りにして、ミンチと混ぜ合わせる。
②①に塩麹《しおこうじ》と塩、コショウを加えて混ぜる。
③餃子の皮で②を包み、沸騰したお湯に入れる。餃子が浮いてきたらすくい上げる。
④水を沸かし、中華だしの素と塩を入れて味を調え、水溶き片栗粉を加える。
⑤③の餃子を④のスープに入れる。

▲150kcal（1人分）

麻婆豆腐

■材　料〈4人分〉

絹ごしどうふ…1丁
豚ミンチ…180g
小ネギ…1、2本
タマネギ…100g
ニンニク…1片
ショウガ…10g
中華スープ…100cc

A
- 味噌…30g
- 豆板醤…小さじ1
- 酒…大さじ1
- 砂糖…小さじ2
- 塩…小さじ1/2

片栗粉…少々
粉山椒…適宜
油…適量

■つくり方

①とうふは1センチ角くらいに切る。
②タマネギ、ニンニク、ショウガは小さく刻む。
③中華鍋に油をひいて、②を炒める。
④香りが立ったらミンチを加えて、さらに炒める。
⑤ミンチに火が通ったら、④の鍋に中華スープを入れ、とうふと調味料Aを加える。
⑤水溶き片栗粉を入れてとろみをつけ、最後に粉山椒《こなさんしょう》をふり、小ネギで彩る。

■ひとこと

ピリッとした粉山椒の香りが食欲を誘います。ごはんにかけて麻婆丼にしても好評です。

▲220kcal（１人分）

イワシ団子の大葉はさみ揚げ

■材　料〈４人分〉
イワシのミンチ
…中５尾分（300g）
タマネギ…1/2 個
ショウガ汁…小さじ２
味噌…小さじ１
片栗粉…大さじ１
大葉…12 ～ 16 枚
揚げ油…適量

■付け合わせ
おろしダイコン、ショウガ、カボス（またはスダチ）、レモン等を添える

■つくり方
①イワシは皮と小骨を除き、包丁で粘りが出るまでたたく。タマネギはみじん切りにする。
②ボウルに①とショウガ汁、味噌、片栗粉を加えて練り混ぜる。
③②を12～16等分にして、大葉を中に敷いて巻き込むようにしてたわら形に丸める。
④揚げ油を低温に熱し、③を入れる。ときどき返しながら、カラリと揚げて油を切る。

■ひとこと
嚥下に問題がある方は、団子をスープ（鶏ガラスープ）で煮て、スープにとろみをつけると食べやすくなります。団子をやわらかく仕上げたいときは、タマゴを１個加えてください。

▲160kcal（１人分）

ブロッコリーのトルティージャ

■材　料〈４人分〉

新タマネギ…1/2 個
ミニトマト…４個
ブロッコリー…1/2 株
A
タマゴ…３個
牛乳…60cc
小麦粉…大さじ３
チーズ…50g
コンソメ…小さじ１
塩、コショウ…少々
油…適量
マヨネーズ、酢、粒マスタードなど…適宜

■つくり方

①新タマネギは2～3ミリ幅の薄切りにする。ミニトマトは半分に切る。
②ブロッコリーをやわらかくゆでて、ミキサーにかける。
③②をAと合わせて混ぜ、ペースト状にする。
④フライパンに油をひいて①を炒め、③を流し込む。
⑤好みでマヨネーズ、酢、粒マスタードを添える。

■ひとこと

トルティージャとは、スペイン語でオムレツのことをいいます。カボチャをやわらかくゆでてつぶしたもの、バターで炒めたホウレンソウ、ジャガイモなど、いろいろな具材を工夫して入れることで、ボリュームのある栄養価の高い一品料理になります。

トマトとゆで野菜のフリッター

■材　料
トマト
ゆで野菜（アスパラ、ニンジン、カブ、ブロッコリーなど）
揚げ油…適量
カレー粉、塩、レモン汁…適宜

■フリッター衣
タマゴ白身…1個
A
小麦粉…100g
タマゴ黄身…1個
塩…少々
ビール…180cc（苦手な場合は牛乳で代用）

■つくり方
①フリッター衣を作る――タマゴを卵黄と卵白に分けて、卵白はボウルに入れて角が立つまでしっかりと泡立てる。
②溶いた卵黄をAの材料に合わせる。
③②の中に、①の泡立てた卵白を加え、さっくりと混ぜる。
④トマトはくし形に切る。他の野菜は塩ゆでして、水気を拭きとる。
⑤野菜に打ち粉をし、③の衣を付けて油で揚げる。

■ひとこと
衣は混ぜすぎると粘りが出るので、軽くさくっと混ぜましょう。
好みでカレー粉や塩、レモン汁をかけて食べてください。

▲110kcal（１人分）

レンコン団子野菜あんかけ

■材　料〈４人分〉

レンコン…200g

塩…少々

揚げ油…適量

■野菜あん

ニンジン…50g

タマネギ…50g

シイタケ…２枚

ピーマン…１個

出し汁…200cc

A ｛しょうゆ、酒、砂糖…各大さじ１／塩…小さじ１｝

片栗粉…大さじ１

■つくり方

①レンコンの皮をむいて、すりおろし（汁は絞《しぼ》らないこと）塩をふる。

②適当な大きさの団子状に丸め、素揚げする。

③野菜あんを作る――野菜はさいの目に切り、出し汁でやわらかく煮る。調味料Aを入れて味を調え、水溶き片栗粉でとろみをつける。

④レンコン団子に③の野菜あんをかける。

■ひとこと

レンコンは、おせち料理では「先の見通しが良い」と縁起ものとして使用しますが、粘り成分のムチンなどを含んだ滋養のある食品です。

▲85kcal（1人分）

鯛《タイ》のかぶら蒸し

■材　料〈4人分〉

カブ…2個（200g）

卵白…30g（タマゴ1個分）

鯛…200g

（刺身用薄切り16切れ）

塩…ひとつまみ（0.5g）

酒…適量

■あん

出し汁…1カップ

A
- うす口しょうゆ…小さじ1/2
- みりん…小さじ1/2
- 塩…少々

柚子の皮…適宜

片栗粉…大さじ1

出し汁…適量（とろみ用）

■つくり方

①カブの皮をむき、すりおろしてかるく汁を絞る。

②①によくほぐした卵白と塩を加え、混ぜ合わせておく。

③鯛の切り身は塩（分量外）で下味をつけ、酒をふっておく。

④4つの器に③の鯛を分け入れ、②のカブのすりおろしを1／4量ずつ入れる。これらを強火の蒸し器で12分ほど蒸す。

⑤あんをつくる――蒸している間に、鍋に出し汁とAを入れて火にかける。柚子の香りが立って沸いてきたら、片栗粉を別にとっておいた出し汁で溶いて加え、とろみをつける。

⑥④のかぶら蒸しに⑤のあんを均等にかける。

めんたいこ入り出し巻きタマゴ

■材　料
タマゴ…２個
めんたいこ…15g
砂糖…適宜
出し汁（甘さは好みで加減する）…40cc
油…小さじ１
▲55kcal（１人分）

■つくり方
①めんたいこの薄皮を除いてほぐす。
②ボウルにタマゴを入れて溶きほぐし、砂糖と出し汁を加えて混ぜる。
③フライパンに油をひいて②を流し込み、手前から巻いていく。
④最初のひと巻きの時に、巻き寿司の要領でめんたいこをフライパンの手前に置いて、中心にくるようにして焼く。

長イモともみ海苔のタマゴ焼き

■材　料
タマゴ…２個
長イモ…50g
味付け海苔…２枚
砂糖…大さじ１
油…小さじ１
▲70kcal（１人分）

■つくり方
①長イモをおろし、海苔をもみほぐす。
②ボウルにタマゴを入れてときほぐし、①と砂糖を加えて混ぜる。
③フライパンに油をひいて②を流し込み、手前から巻いていく。

■ひとこと
タマゴだけのタマゴ焼きはパサつきますが、出し汁や野菜、長イモを入れることでやわらかくなって食べやすくなります。

キャベツのタマゴ焼き

■材　料
タマゴ…2個
キャベツ…50g
マヨネーズ…小さじ2
砂糖…大さじ1
しょうゆ…小さじ1
油…小さじ1
▲65kcal（1人分）

■つくり方
①キャベツを小さく刻む。
②ボウルにタマゴを割ってときほぐし、①とマヨネーズ、砂糖、しょうゆを混ぜる。
③フライパンに油をひいて流し込み、手前から巻いていく。

変わりタマゴ焼き

■材　料
タマゴ…3個
マダラ…50g
ホウレンソウ…60g
ニンジン…20g
A すりごま…少々
　マヨネーズ…小さじ1
　砂糖…大さじ1
　しょうゆ…小さじ1
油…小さじ1
▲170kcal（1人分）

■つくり方
①マダラは小さく切って、塩ひとつまみと酒少々を振りかけておく。
②ホウレンソウはゆでて短めに切る。ニンジンは細めの千切りにする。
③ボウルにタマゴを割り入れ、Aの調味料を加えてよくかき混ぜる。
④③に野菜とマダラを加えて、混ぜて流し型に流し込み、15分間蒸す。
⑤好みで皿に青ジソや、おろし大根などを添えて盛り付ける。

ナスの揚げ煮

▲135kcal（1人分）

■材　料〈4人分〉

ナス…4本（小さめのもの）

塩水…適量

揚げ油…適量

A
- 出し汁…200cc
- しょうゆ…大さじ2
- みりん…大さじ1
- 砂糖…小さじ1

片栗粉…少々

■ぐだぐだそうめん

そうめん…2束（100g）

■つくり方

□ナスの揚げ煮

①ナスは縦横半分に割り、厚いところは切れ目を入れて、塩水にさらす。

②水気を切って、ナスを揚げる。

③鍋にAの浸け汁を入れ、揚げたナスを浸ける。仕上げに、水溶き片栗粉を煮汁に入れてひと煮立ちする。

□ぐだぐだそうめん

①そうめんをやわらかくゆでておく。

②揚げ煮の煮汁に浸ける。

■ひとこと

ナスを揚げる前に塩水に浸けておくと、油の吸いすぎを防ぎます。

ぐだぐだそうめんは、にゅうめんの応用でいろいろと使えます。例えば、秋はカブの煮物に入れても美味しくいただけます。

▲60kcal（１人分）

ナスの味噌煮

■材　料〈４人分〉

ナス…４本

A
- 味噌…大さじ１
- みりん…大さじ１
- 砂糖…大さじ１
- 酒…大さじ１

ごま油…大さじ２

▲60kcal（１人分）

■つくり方

①ナスは縦横半分に割り、切れ目を入れて塩水にさらす。

②フライパンにごま油を熱して、ナスに焼き色がつくまで中火でゆっくり炒める。

③Aの調味料をすべて入れて、弱火で煮込む。

■ナスの話

ナスはクセがなくて、やわらかいので食べやすく、みんなに好まれる野菜のひとつです。いろいろな調味料によって旨味が引き出せ、油を吸うと栄養価が高まります。

ポテトサラダ

■材　料〈４人分〉

ジャガイモ…中３個
キュウリ…１本
タマネギ…30g
ニンジン…60g
タマゴ…１個
マヨネーズ…50g
塩水…適量
牛乳…50cc
塩、コショウ…少々
粉山椒…少々

▲180kcal（１人分）

■つくり方

①ジャガイモの皮をむいてゆでる。
②キュウリは小口切りをして塩水にさらす。タマネギはみじん切り、ニンジンは薄い銀杏切りにする。タマゴは固ゆでにして小さく切る。
③ジャガイモをつぶして牛乳と混ぜ、マッシュポテトにし、マヨネーズを混ぜる。
④②と③を混ぜ合わせて、塩、コショウで味を調える。最後に粉山椒を少しふりかける。

■山椒の話

粉山椒は香りが高く、ひとふりで料理の印象が変わります。

カボチャのサラダ

■材　料〈４人分〉

カボチャ…100g
ニンジン…20g
ブロッコリー… 20g
タマネギ… 20g
ゆでタマゴ…1/2 個
マヨネーズ …大さじ２
牛乳（または生クリーム）…30cc
塩、コショウ…少々

▲140kcal（１人分）

■つくり方

①カボチャ、ニンジン、ブロッコリーはやわらかくゆでる。タマネギはみじん切りにして熱湯をかけてやわらかくする。
②カボチャはかたまりがないようにつぶす。ニンジン、ブロッコリー、ゆでタマゴは小さく刻む。
③具材を合わせ、マヨネーズと牛乳を加えて混ぜ、塩、コショウで味を調える。

■ひとこと

牛乳あるいは生クリームを加えると、より滑《なめ》らかになります。

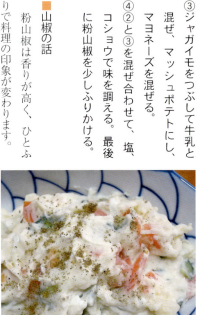

白身魚の卵蒸し

■材　料〈4人分〉

白身魚…150g
ニンジン…40g
タマゴ…3個
ホウレンソウの葉先…80g

A
- マヨネーズ…40g
- 薄口しょうゆ…大さじ1
- 生クリーム…10g
- 片栗粉…小さじ2
- 出し汁…120cc（＊）

■あ　ん

出し汁…200cc
薄口しょうゆ…小さじ2
みりん…小さじ1
片栗粉…小さじ1/2

■つくり方

①白身魚は、蒸してほぐす。
②ニンジンとホウレンソウはゆでて、みじん切りにする。
③ボウルにタマゴを入れて溶きほぐし、①②とAを加えて混ぜる（出し汁で、固さを調整する）。
④③を4等分してカップに入れ、オーブンで蒸し焼きにする。
⑤あんをつくる――片栗粉を除いたあんの材料を鍋に入れて火にかけ、味が調ったら、水溶き片栗粉（水…小さじ1）でとろみをつける。

▲145kcal（1人分）

モロヘイヤの味噌マヨネーズ和え

■材　料〈4人分〉

モロヘイヤ…130g
ニンジン…60g
モヤシ…100g

A
- 味噌…小さじ2
- マヨネーズ…大さじ2
- 砂糖…小さじ1

■つくり方

①モロヘイヤは茎を除いて葉だけ使う。ニンジンは皮をむいて千切りにする。
②野菜をやわらかくゆでて、短く切る。
③Aを加えて②と和える。

■ひとこと

モロヘイヤはゆでるとぬめりが出ますが、さらに嚥下に問題のある方は、小さく切ってください。

マヨネーズにしょうゆ、味噌、梅肉、ポン酢などを混ぜると味にバリエーションが生まれます。

▲85kcal（1人分）

▲150kcal（1人分）

とうふのニンニクステーキ

■材　料〈4人分〉

絹ごしどうふ…1丁

片栗粉…適量

オリーブオイル…大さじ1

ニンニク…1片

■野菜あん

シイタケ…4枚

エノキダケ…80g

ニンジン…30g

小ネギ…1本

ニンニク…1/2片

しょうゆ、酒…各大さじ1

砂糖…小さじ1

水…150cc

片栗粉…大さじ1

油…適量

■つくり方

①とうふは4等分し、キッチンペーパーで水分を取り、片栗粉を軽くまぶす。

②フライパンにオリーブオイルとニンニクのスライスを入れて温め、香りが出てきたらとうふを入れて両面を焼いて皿にとる。

③野菜あんをつくる――②のフライパンでみじん切りにしたニンニクを炒め、ニンジン、シイタケは千切りにし、エノキダケを加えて炒める。

④③に火が通ったら、分量の水としょうゆ、砂糖、酒の調味料を入れて味を調える。仕上げに水溶き片栗粉でとろみをつけ、小口切りにした小ネギをちらす。

とうふの唐揚げ

■材　料〈４人分〉
絹ごしどうふ…１丁（400g）
唐揚げ粉…適量
揚げ油…適量

▲130kcal（１人分）

■つくり方
①とうふは４等分し、キッチンペーパーで水分を取って、唐揚げ粉をまんべんなくまぶす。
②鍋に油を入れ、中火でからっと揚げる。

■ひとこと
飲み込みが心配な方には、とろみをつけた出し汁をかけてください。揚げどうふのように片栗粉や小麦粉の衣をつけず、唐揚げ粉を使っていますから、衣がベトつかずに食べられます。

とうふのごまだれかけ

■材　料〈４人分〉
絹ごしどうふ…１丁（400g）
片栗粉…適量、油…適量
ごま味噌だれ…大さじ１

▲130kcal（１人分）

■つくり方
①とうふはキッチンペーパーで水分を取って、焼く前に片栗粉を軽くまぶす。
②フライパンに油をひいて、両面を焼く。
②仕上げに甘味噌だれ（44ページ参照）を溶いてかける。

■とうふの話
とうふは淡白で、脂肪分が少なく、世界遺産になった日本食の代表的な食材です。湯どうふにしても冷奴にしても美味しく食べられますが、味が淡白なのでひと工夫して、色や匂いで食欲を誘ってください。

小松菜のやわらか煮

■材　料
小松菜の葉先
…１束分（100g）
出し汁…50 ～ 70cc
白だし…大さじ１
片栗粉…小さじ 1/2

■つくり方
①小松菜の葉先をゆでて、細かく刻む。
②鍋に①と出し汁を入れ、弱火でゆっくりと煮る。
③やわらかくなったら白だしを加えて味をみて、水溶き片栗粉でとろみをつける。

▲20kcal（１人分）

アンチョビ風味のキャベツのやわらか煮

■材　料
キャベツ…400g
ニンニク…１片
アンチョビペースト
…小さじ１
しょうゆ…大さじ１
オリーブオイル
…大さじ１

■つくり方
①キャベツは食べやすい大きさに切る。ニンニクはみじん切りにする。
②鍋にオリーブオイルを入れ、ニンニクとアンチョビペーストを炒め、キャベツを加え鍋に蓋をして弱火で蒸し煮する。しょうゆを加えて味を調える。

▲30kcal（１人分）

はんぺんの磯辺巻き

■材　料
はんぺん…２枚
もみ海苔…少々
バター…10g

■つくり方
①はんぺんを食べやすい一口大に切る。
②もみ海苔を袋に入れてもみ、さらに細かくし、はんぺんにまぶす。
③バターで軽く焦げ目がつくように焼く。

▲75kcal（１人分）

失敗しない温泉タマゴ

■材　料

タマゴ…２個

水…1.5 ℓ（1500cc）

足し水…300cc

■つくり方

①タマゴは常温に戻しておく。

②鍋に水１・５ℓを沸騰させて火を止め、タマゴを静かに入れる。

③足し水を３００cc入れて蓋をし、そのまま15分おいて、冷水に取り出す。

▲80kcal（１人分）

オクラとトマトのサラダ

■材　料

オクラ…10本

トマト…中１個（100g）

絹ごしどうふ…1/2丁

塩麹…小さじ２

しょうゆ…小さじ１

▲15kcal（１人分）

■つくり方

①オクラは塩をまぶして洗い、湯がく。トマトは皮を湯むきする。

②とうふを熱湯に通し、ざるに上げて水を切り、さいの目に切る。

③オクラは小口切り、トマトも小さく切り、とうふを加え、塩麹で和える。

④しょうゆを加えて味を調える。

ジャガイモのミルク煮

■材　料

ジャガイモ…小４個

牛乳…200cc

塩、コショウ…少々

■つくり方

①ジャガイモの皮をむき、丸のまま鍋に並べ、ジャガイモがかぶるくらい牛乳を注ぎ、弱火で蓋をして蒸し煮にする。

②やわらかくなったら、塩、コショウで味を調える。

③ジャガイモをスプーンでつぶして食べる。

▲115kcal（１人分）

スープや汁もので野菜を美味しくたっぷりと

ゴボウのポタージュ

■材　料〈４人分〉

ゴボウ…200g
ジャガイモ…１個（80g）
タマネギ…1/2 個
白ネギ…1/2 本
ニンニク…1/2 片
バター…15g
チキンブイヨン…300cc
（固形ブイヨン２個をとかす）
牛乳…150cc
生クリーム…50cc
塩、コショウ…少々

■つくり方

①タマネギはみじん切りにし、白ネギは1センチ程度の長さに切る。ゴボウとジャガイモは一口大に切る。

②鍋にバターを入れ、みじん切りにしたニンニクを色がつくまで炒め、タマネギと白ネギを加えて炒める。さらにゴボウとジャガイモを加えて火が通るまで炒める。

③ブイヨンを加え強火で沸かし、塩を加えて灰汁《あく》をとる。コショウを加えて、やわらかくなるまで煮込む。火が通ったら粗熱《あらねつ》をとって冷ます。

④ミキサーに入れ、牛乳、生クリームを加えて混ぜ合わせ、味を調える。

■ひとこと

ゴボウの香りが引き立ち、また旨みも感じます。ゴボウは日本人に愛される野菜の一つです。しかし、食物繊維が豊富なため、そのまま煮物などに使うと食べにくくなります。ポタージュにすると、食物繊維が残らず美味しくいただけます。

私は出雲の実家から掘りたてのゴボウが送られてくると、5センチくらいに切って、薄味をつけて圧力鍋で5分ほど煮たものを冷凍しておきます。圧力鍋を使うとぐんとやわらかくなり、食べやすくなります。

■ポタージュの話

ゴボウやジャガイモ、ニンジン、タマネギなど常備野菜を使ったポタージュは手軽で栄養価が高く、ペースト状にした食材をスープなどでのばすので喉越しもよく、フレイルの人たちには、食べつけやすい食のかたちです。

生クリームや牛乳がやさしく食材の香りを包みこみ、食欲を誘います。

＊考案者・島根県出雲市「ランコントレ」シェフ山口雄三氏。

▲130kcal（1人分）

ほのかなゴボウの香りが、台所からただよってくる。
やわらかな甘みのあるゴボウのポタージュは、子ども達にも大人気。
今日は、いっしょに食べようか。

カブのポタージュ

■材　料〈４人分〉
カブ…大４個（400g）
タマネギ…1/2 個
バター…15g
チキンブイヨン…300cc
（固形ブイヨン２個をとかす）
生クリーム…100cc
牛乳…100cc（生クリームを入れない場合、牛乳を 300cc）
塩、コショウ…少々
▲150kcal（１人分）

■つくり方
①カブとタマネギはくし形に切る。
②鍋でバターを溶かし、①を加えて少し火が通るまで炒める。
③ブイヨンを加え強火に沸かし、塩を加えて灰汁《あく》をとる。やわらかくなるまで煮込む。
④③をミキサーに入れ、ペースト状にする。
⑤④を鍋に移し、牛乳、生クリームを加えて弱火で温め、塩とコショウで味を調える。

■ひとこと
カブの根には、消化酵素ジアスターゼが含まれ、胃もたれや胸やけに効果的です。

そら豆のポタージュ

■材　料〈４人分〉
そら豆…正味 200g（14 ～ 15 さや）
牛乳…500cc
固形コンソメ…１個
塩、コショウ…少々
生クリーム
…大さじ４（60cc）
▲150kcal（１人分）

■つくり方
①そら豆をさやから取り出して、塩ゆでにする。
②ゆでたそら豆の皮を除き、分量の半分の牛乳とともにフードプロセッサーにかける。
③鍋に②を入れて弱火で温め、残りの牛乳とコンソメを入れる。
④塩、コショウで味を調え、器に入れる。仕上げに生クリームを注ぐ。

■ひとこと
牛乳を豆乳に代えてもできます。とろみ具合は、牛乳あるいは豆乳の量で調整してください。そら豆が出回るのは短い季節です。香りが初夏を感じさせてくれます。

▲200kcal（1人分）

ジャガイモのポタージュ

■材　料〈4人分〉

ジャガイモ…150g
タマネギ…50g
水…カップ1
バター…大さじ1
固形コンソメ…1個
生クリーム…100cc
牛乳…カップ1
塩、コショウ…少々
パセリ…少々

■つくり方

①ジャガイモ、タマネギは薄くスライスしておく。
②鍋にバターを入れ中火にかけ、タマネギを加えてしんなりするまで炒める。
③②にジャガイモ、水、コンソメを加えてやわらかくなるまで煮る。
④粗熱がとれたら、ミキサーでペースト状にする。
⑤鍋に移し、牛乳、生クリームを加えて、塩、コショウで味を調えて、最後にパセリを散らす。

■ひとこと

夏は冷たくしていただきます。食欲がない、唾液《だえき》が出にくくて食べる気持ちがしない時には是非、スープを試してください。

トマトのスープ

■材　料〈4人分〉

トマト…大2個（700g）
ジャガイモ…1個（150g）
ニンジン…小1本（80g）
タマネギ…1個（180g）
オリーブオイル…大さじ1
固形コンソメ…2個
水…500cc
塩…1g
砂糖…大さじ1

▲**110kcal**（1人分）

■つくり方

①トマトを湯むきにしてミキサーにかけ、ペーストをつくる。
②ジャガイモ、ニンジン、タマネギは、さいの目に切る。
③オリーブオイルを温め、②を炒めて、トマトのペーストを加える。
④分量の水を温め、コンソメを溶かしてつくったスープを加え、味を調える。

■ひとこと

とろみをつけるときは、片栗粉またはくず粉を水に溶いて使うといいでしょう。夏は、具材に冬瓜《とうがん》を使うと季節感が出ます。

モズクとモロヘイヤのとろみスープ

■材　料〈4人分〉

モロヘイヤ…60g
モズク…100g
鶏ガラスープの素
…大さじ2
水…500cc
ごま油…小さじ2(好みで)
酢、またはレモン汁…適宜

▲**20kcal**（1人分）

■つくり方

①モロヘイヤは軸を外して刻み、モズクも長い場合は食べやすく切っておく。
②鍋を火にかけ鶏ガラスープをつくり、①を入れて味を調え、火を消す。好みで、ごま油で香りをつけたり、酢やレモン汁などで酸味を足す。

■ひとこと

モロヘイヤはゆでて、モズクはそのまま冷凍できます。小分けにして冷凍すると便利です。

長イモのすり流し汁

■材　料〈4人分〉
長イモ…120g
出し汁…500cc
塩…小さじ1
しょうゆ…小さじ2
青のり…少々
▲20kcal（1人分）

■つくり方
①長イモをすりおろしておく。
②出し汁を鍋に温め、塩としょうゆで味を調え、長イモをすり流す。
③温まったらすぐに火を止め、椀に入れて青のりを添える。

■ひとこと
長イモは食欲促進作用があり消化がよく、栄養価も高いため、力が湧くような気持ちになります。

なめこの味噌汁

■材　料〈4人分〉
なめこ…100g
出し汁…600cc
味噌…50g
粉山椒…少々
▲25kcal（1人分）

■つくり方
①なめこは石づきを取ってさっと湯がく。石づきを取った袋入りのなめこの場合は、さっと湯通しをして使う。
②出し汁を温め、なめこを入れ、味噌を溶く。
③椀に入れて、粉山椒を添える。

■ひとこと
なめこはやわらかく、ヌメリもあり、汁にとろみがつくため嚥下に問題ある方も美味しくいただけます。

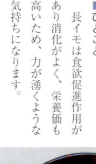

野菜のオイル煮

■材　料〈4人分〉

ブロッコリー…1株
ズッキーニ…1本
パプリカ…1個
ニンニク…1片
アンチョビ（フィレ）…40g
オリーブオイル…2/3カップ

■つくり方

①ブロッコリーは小房に分け、ズッキーニとパプリカは食べやすい大きさに切る。ニンニクは薄切りにする。

②アンチョビは切らずにオリーブオイルといっしょに鍋に入れる。①を加え、強火にかける。

③オイルが煮立ったら、弱火にして6～7分間、材料がやわらかくなるまで煮る。

■ひとこと

夏野菜・赤いパプリカは元気が出そうな気がします。色鮮やかに、そして塩の代わりにアンチョビを使って旨味を出した野菜料理です。4～5日は冷蔵庫で保存できます。

色のついた野菜と油を一緒に摂るとビタミンAの吸収もアップします。

■アヒージョの話

このレシピは、若い人に人気のアヒージョを応用したものです。アヒージョとはニンニクのことですが、スペイン料理で、オリーブオイルにニンニクや鷹の爪を入れて焦がさないように香りが立つまで煮立て、そこに好みのマッシュルームや砂肝、エビなど野菜や肉、魚などを入れて火を通したものをいいます。ここではアンチョビの風味が加わって、野菜の味を引き立てました。

▲250kcal（１人分）

ジャガイモと白身魚（タラ）のクリーム煮

■材　料〈４人分〉

タラ…150g
ジャガイモ…中２個（300g）
タマネギ…100g
ベーコン…40g
ニンニク…１片
牛乳…200cc
生クリーム…50cc
塩…小さじ１
コショウ…適量
オリーブオイル…大さじ１

■つくり方

①タラを薄切りにして塩（分量外）、コショウをふっておく。

②ジャガイモは3～4センチの厚さの輪切り、タマネギは2～3ミリ幅の薄切りにする。ベーコンは2センチ幅に切る。ニンニクはスライスする。

③鍋にオリーブオイルを入れニンニクを温め、香りが出てきたら、ベーコンとタマネギを入れて中火で炒める。そこにジャガイモを加え、塩、コショウをふって炒める。

④③の上にタラを並べ、牛乳を入れて、蓋をして蒸し煮する。

⑤仕上げに生クリームを入れ、塩、コショウで味を調える。

▲200kcal（１人分）

アボカドのお好み焼き

■材　料〈４人分〉
タマゴ…１個
キャベツ…60g
アボカド…100g
豚のこま切れ肉…80g
小麦粉…60g
出し汁…２カップ
油…適量
■トッピング
ソース…大さじ２
かつお節…適宜
青のり…適宜
紅ショウガ…適宜

■つくり方
①出し汁と溶きタマゴを混ぜ、小麦粉を加えてお好み焼きのタネをつくる。
②ボウルに短冊切りのキャベツ、さいの目切りのアボカド、豚のこま切れ肉を入れ、①のタネと混ぜ合わせる。
③油をひいたフライパンに②を流して焼く。
④好みでソース、かつお節、青のり、紅ショウガをかける。

■ひとこと
アボカドはよく熟れた、実のやわらかいものを使います。
アボカドはビタミンも豊富でエネルギーも高く、クセもあまりない食材です。

▲160kcal（１人分）

ナスのチーズ焼き

■材　料〈４人分〉

ナス…小４本
トマト…中１個
ニンニク…１片
オリーブオイル
…大さじ２
甘口焼き肉のタレ
…大さじ２
チーズ（ピザ用）…80g

■つくり方

①ナスは縦に４つから６つに切り、塩水に浸ける。トマトはざく切りにする。
②フライパンにオリーブオイルを温め、スライスしたニンニクを入れて香りをつける。
③水切りしたナスを炒め、さらにトマトを加えて炒める。
④焼き肉のタレを加えて、まんべんなく混ぜる。
⑤ピザ用チーズ（細切り、あるいは小さく刻む）を上に散らして、蓋をしてチーズをトロリとさせる。
⑥フライパンから滑らせるように皿に移して、温かいうちに食べる。

■ひとこと

我が家の思い出のメニュー。子どももおばあちゃんも大好きでした。

▲60kcal（１人分）

バジル風味の洋風茶碗蒸し

■材　料〈４人分〉

タマゴ…２個

中くらいのエビ…４尾

シイタケ…２枚

固形コンソメ…１個

水…400cc

バジルペースト…小さじ２

■つくり方

①固形コンソメを水に溶かして温めておく。

②タマゴを溶いて、①のスープと混ぜ、卵液をつくる。

③エビは殻をむいて背わたを取り、３つに切る。シイタケは半分に切る。

④４つの器に③の具材を均等に分け入れ、②の卵液を静かにかけて、ラップをかける。

⑤大鍋に④を並べ、浅く水を入れて沸かし、蒸気を立てる。

⑥はじめ強火で２分蒸し、中火にして10分ほど蒸す。竹串を刺して、透明な汁が上がってきたら鍋から出す。

⑦バジルペーストを乗せて、香りをつける。

■ひとこと

バジルの香りが加わり、洋風の香りの高い茶碗蒸しになります。

▲400kcal（１人分）

サトイモのニョッキ

■材　料〈４人分〉
サトイモ…250g
薄力粉…75g
卵黄…タマゴ１個分
ナツメグ…少々
塩…ひとつまみ
オリーブオイル…適量
■ホワイトソース
生クリーム…200cc
ミックスチーズ…80g
塩、コショウ…少々

■つくり方
①皮をむいたサトイモをゆで、裏ごし器で裏ごし（またはマッシャーでつぶし）、冷ます。
②冷めたら、その他の材料をすべて加え、サトイモの粘りが出るまで混ぜる。
③②の生地をひとまとめにしたら、直径約１センチの棒状に伸ばし、２センチ幅に切る。
④鍋に塩ひとつまみを加えた湯を沸かし、③をゆでる。浮いてきたら、ざるまたはバットにあげる。ニョッキ同士がくっつかないように、オリーブオイルをからめる。
⑤ホワイトソースをつくる――鍋に生クリームを入れて中火で加熱する。温まってきたら④にチーズを加え、全体がからまったら塩、コショウで味を調える。

▲120kcal（1人分）

サトイモ団子

■材　料〈4人分〉

サトイモ…150g

出し汁…300cc

A
- 砂糖 …小さじ2
- みりん…小さじ2
- 薄口しょうゆ …小さじ1/2
- 塩…三つ指でふたつまみ

から揚げ粉または片栗粉 …適量

揚げ油…適量

■つくり方

①サトイモの皮をむき、さっと湯がく。

②サトイモと出し汁、Aの調味料を鍋に入れ、蓋をして、やわらかく煮汁がなくなるまで中火で煮込む。

③一口大の団子に丸めて、から揚げ粉（または片栗粉）をまぶし、油で揚げる。

■ひとこと

サトイモは嚥下力が低下した方にも使いやすい素材なので、九月以降の美味しい時期に収穫されたものを皮をむいてゆでて冷凍しておきます。

赤白甘味噌だれ

■材　料

■赤味噌だれ

赤味噌…200g

みりん…100cc

砂糖…大さじ2

卵黄…1個

■白味噌だれ

白味噌…200g

みりん…50cc

砂糖…大さじ1

卵黄…1個

■つくり方

①味噌は赤・白いずれも材料を鍋に入れてよく混ぜ、火を点けて弱火で練る。

②照りが出てきたらいったん火を止め、卵黄を入れて混ぜ、火を点けてさらに練る。

梅ドレッシング

■材　料

梅干し…10g

オリーブオイル…大さじ 1/2

塩…少々

砂糖…少々

■つくり方

①梅干しをつぶしオリーブオイルと合わせる。

②味をみながら塩と砂糖を加える。

■お粥のキュウリ和え

お粥を梅ドレッシングで和え、おろしたキュウリといっしょにあわせると、さっぱりといただけます。

かんたん さわやか ポン酢

■材　料

柑橘系しぼり汁…100cc

しょうゆ…100cc

昆布…5g

かつお節…5g

みりん（好みで）…20cc

■つくり方

①保存瓶に昆布とかつお節をいれて、しぼり汁、しょうゆ、好みでみりんを加える。

②冷蔵庫で保存する〈煮沸した瓶で保存すればひと月は保ちます〉。

■ひとこと

柑橘類は好みで橙《だいだい》、カボス、柚子など好きなものをしぼってください。季節の香りを食卓に運びます。

ホウレンソウのペースト

■材　料

ホウレンソウ

…１束（150g）

オリーブオイル

…大さじ 1/2

ニンニク…１片

スープまたは水

…大さじ１

■つくり方

①ホウレンソウをゆでて、水にさらして色止めし、2～3センチに切る。ニンニクはみじん切りにする。

②フライパンにオリーブオイルをひいてニンニクを入れ、香りが立ったらホウレンソウを加えて炒める。

③ミキサーまたはハンドミキサーでペースト状にする。

■ワンポイント

カレー、クリームスープに入れたり、バターライスに混ぜる。タマゴに混ぜてオムレツにしたり、お粥に垂らして混ぜてもいいです。

三つの甘味噌だれ

■材　料

A
- 赤味噌…100g
- 砂糖…30g
- みりん…20cc
- 酒…20cc

卵黄…１個

a：ミョウガ…１個

b：カツオ節…１パック（２g）

c：すりごま…５g

■つくり方

①Aを鍋に入れてよく混ぜ、弱火で練る。

②照りが出てきたらいったん火を止め、卵黄を入れて混ぜ、弱火でさらに練る。

③最後に好みでa、b、cを混ぜる。

■ひとこと

元気な人はキュウリやパプリカなど生の野菜につけて、高齢者や病気でフレイルの状態にある人には、体調に合わせて色よくゆでた温野菜につけて出すと、みんなでいっしょに楽しく食卓を囲むことができます。

思い出の中の食欲・・フレイル対策

子ども時代にご馳走だったコロッケや若いころ好きだったハンバーグのようにちょっとヘビーなものでも、その人の思い出の中にある料理を出すと、認知症の人も食が進みます。

「坂町ミモザの家」*で出会った方は、退院して入所する予定だった施設から、胃ろうにしないと受け入れられないと言われたため、奥様が決心されて自宅に帰ってきた方でした。

その奥様から「なんとか主人に食べさせてほしい」と言われて支援するようになったのですが、状態をうかがうと、病院では食べようとはしないけれど口はもぐもぐさせておられたそうです。そこで、お茶ゼリーをつくってお粥につけて出すと、交互に食べてごっくんと飲みこまれました。その後、お好きだと聞いた梅干しを裏ごししてお粥につけて出すと召し上がる。「味噌も好きだった」と聞いて、甘味噌をつくって持って行くと全部召し上がる。そうやって少しずつ食事をすすめていくうちに、認知症でそれまで言葉も出なかった方が、「あーあー」と声を出しながら食べられるようになりました。

それまで生きてきた中で、「美味しかった」という記憶は、その人の感覚の中で息づいています。だから食が進む。そして、それが食べたいという意欲につながるのだと思います。

でも、そこに嚥下障害がある場合は、目標を「普通のご飯を食べる」において、訓練して機能回復を図る必要があります。一般に、「危ない」と思うと、目標を下げよう、下げようとなりがちですが、機能回復のためには、普通の食事に近づく方向でハードルを上げる努力もしないといけません。「フレイル」は、可逆性のものなのです。

この方はハンバーグが好きだったそうです。ならば、「ハンバーグは無理」と諦めるのではなくて、まず、きちんと嚥下能力を評価します。その上で、この方の食べやすさを考慮して煮込みハンバーグをつくると、美味しそうに食べられました。

さらに、それから二カ月後、ご自宅に訪問した時ちょうどお昼前で、冷蔵庫にあった材料を使い、鶏ミンチのコロッケをつくりました。揚げ物をするいい匂いが、食欲をそそります。衣を外して中身だけ食べてもらうつもりでしたが、揚げたてのコロッケを食べたそうに見ておられたので、中身に外側の衣を混ぜケチャップとソースをからめて出すと、私たちが見守るなか二個ペロリと食べられました。

フレイルの状態にある場合、この方のように、段階を追って食を回復させていくことが大事です。

＊坂町ミモザの家＝（株）ケアーズが運営する「看護小規模多機能型居宅介護」サービスの施設。「すみなれた町でくらす第二のわが家」とある通り、通い、泊まり、訪問の3つの機能をもつ小規模な複合型施設。

食べられるだけ
食べたいように
自由に主食を

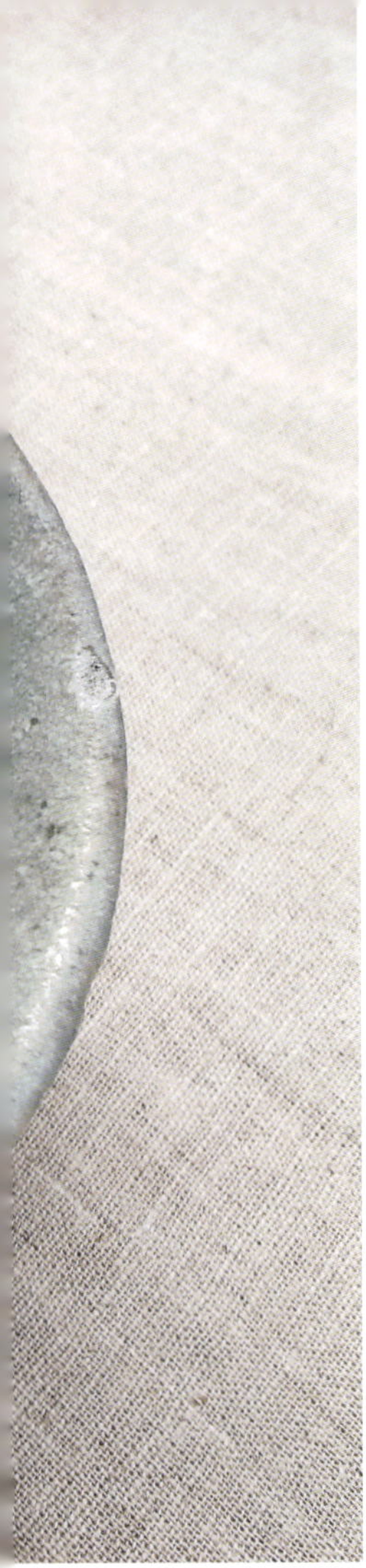

あずき粥

■材　料
〈350ccのスープジャー１回分〉
もち米…大さじ３（35g）
あずき…大さじ2/3（10g）
あずきの煮汁と熱湯
…合わせて300cc
▲130kcal（１人分）

■つくり方
①あずきはやわらかくなるまで30分くらい煮る。もち米は洗ってざるにあげておく。
②スープジャーにもち米を入れて、やわらかくなったあずきと煮立ったゆで汁を注ぐ。塩を入れて蓋《ふた》をきっちり閉める。
③おおよそ４、５時間で出来上がる。

■ひとこと
あずきは多めに煮て、冷凍しておくと便利です。

■お赤飯の話
お赤飯はお祝い、お慶びの機会にふるまわれる日本の伝統的なハレの日の食事です。最近はフリーズドライの非常食としても出回るほど、みんなに愛されています。

■お粥の話
米やもち米だけでなく、パンでもお粥がつくれます。パンの香りは食欲をそそりますが、唾液の分泌が低下したり、むせがあると食べにくくなります。そんなときは、ごはんをお粥にするように、パンをお粥にしてみてください（51ページ参照）。

祝いの膳、おこわは好物。でも、今は……。
ふと、あずき粥を思い出した。
「あーずきがーゆ煮えたかな。
煮えたかどうか食べてみよ」

サーモスの真空断熱スープジャー

▲200kcal（１人分）

中華粥

■材　料〈４人分〉
白米…１合（160g）
塩麹…６g
鶏がらスープの素…５g
水…１ℓ
鶏ミンチ…160g
ショウガ…20g
小ネギ…20g
ごま油…４g

■つくり方
①鍋に鶏がらスープの素と水、塩麹《しおこうじ》を入れ、研《と》いだ米を加えて蓋をし、米の芯がなくなるまでとろ火で煮立てる。
②フライパンにごま油をひき、おろしたショウガとみじん切りにした小ネギを炒める。
③香りが立ったら鶏ミンチを入れ、火が通るまで炒める。
④③を①の粥に入れて混ぜる。

■ひとこと
鶏ミンチを加えて、しっかりたんぱく質も補います。

▲330kcal（１人分）

パン粥 生クリーム添え

■材　料〈４人分〉

食パン

…６枚切の内４枚（パンの耳が固いときは切り取る）

■卵液

A
- タマゴ…２個
- 牛乳…400cc
- 砂糖…大さじ３

生クリーム…40cc

B
- 砂糖…小さじ２
- レモン果汁…小さじ 1/2

■つくり方

①食パンを2センチ角に切る。

②Aを混ぜて卵液をつくる。

③器に卵液を入れ、パンをひたして1時間ほど置く。

④器のまま10分蒸す。または電子レンジ（５００ワット）で２分温める。

⑤生クリームにBを入れて泡立て、上にのせる。

■ひとこと

蒸さずに、牛乳を足して鍋でコトコト弱火で煮てもいいでしょう。生クリームの代わりにハチミツをかけても美味しくいただけます。

おかか醤油味焼きおにぎり

■材　料〈4人分〉

ごはん…400g

A
- かつお節…1パック（2g）
- しょうゆ…大さじ2
- みりん…小さじ1
- ごま油…小さじ1

▲85kcal（1個50g）

■つくり方

①Aを混ぜ合わせてかつお節のたれをつくり、ごはんと混ぜる。

②小さめのおにぎりにする（4等分程度）。

②フライパンにごま油をひいて、香ばしく焼く。

■ひとこと

トッピングに青じそ（大葉）を巻いたり、小口切りしたネギを使ってもひと味違って楽しいおにぎりになります。

青じその焼きおにぎり

■材　料〈4人分〉

ごはん…400g

青じそ…8枚

A
- しょうゆ…大さじ1
- 焼酎…大さじ1（酒でもよい）
- みりん…大さじ1

白いりごま…小さじ2（5g）

味噌…適量

ごま油…適量

▲90kcal（1個50g）

■つくり方

①青じそは、Aを合わせた液に30分漬け込む。

②ごはんに白ごまを混ぜて、小さめのおにぎりにする（8等分程度）。

③両面に味噌を適量塗り、しょうゆ漬けの青じそをはる。

④フライパンにごま油をひいて、軽く焼き目がつくように焼く。

甘味噌の焼きおにぎり

■材　料〈４人分〉

ごはん…400g

白ネギ…適量

味噌…大さじ２

みりん…大さじ１

油…適宜

▲105kcal（1個50g）

■つくり方

①ごはんを炊いて、小さめのおにぎりにする（８等分程度）。

②白ネギはみじん切りにして、味噌、みりんと混ぜる。

③おにぎりに②の味噌をつけ、フライパンに油を薄くひいてこんがりと焼く。

■焼きおにぎりの話

「食べなきゃいけない」と思うと、白いごはんを食べることが億劫《おっくう》になることがあります。そんなとき、小さなおにぎりにして、味噌やしょうゆの香ばしい香りをつけると、食欲を誘います。

洋風おにぎり

■材　料〈４人分〉

ごはん…400g

マヨネーズ…大さじ４

味噌…小さじ２

パセリ…大さじ２

油…適宜

▲130kcal（1個50g）

■つくり方

①ごはんを炊いて、小さめのおにぎりにする（８等分程度）。

②パセリは刻んで、マヨネーズ、味噌と混ぜ合わせる。

③おにぎりに②をつけ、フライパンに油を薄くひいてこんがりと焼く。

■ひとこと

研究室で学生たちに大好評だったおにぎりです。

▲150kcal（１人分）

夏野菜の雑炊

■材　料〈４人分〉

ごはん…200g

ニンジン…50g

カボチャ…80g

オクラ…６本（50g）

ゴボウ…50g

出し汁…500cc

薄口しょうゆ…大さじ１

みりん…大さじ１

タマゴ…２個

■つくり方

①ニンジン、カボチャ、オクラは食べやすい大きさに切る。

②ゴボウはささがきにして水に浸け、灰汁《あく》を抜く。

③鍋に出し汁を入れて温め、①②の野菜を入れてやわらかく煮る。

④③に、薄口しょうゆ、みりんで味をつけ、ごはんを入れて軽く沸騰させる。

⑤最後に溶きタマゴでとじる。

■ひとこと

根菜をごはんといっしょによく噛んで食べましょう。繊維のあるものが入るとよく噛むことができます。

トマトの冷雑炊

■材　料〈４人分〉

ごはん…200g

トマト…100g

ピーマン…50g

ズッキーニ…80g

タマゴ…２個

固形コンソメ…２個

水…500cc

塩、コショウ…少々

▲130kcal（１人分）

■つくり方

①トマト、ピーマン、ズッキーニはすべて食べやすい大きさに切る。

②鍋にコンソメと水を入れて温め、塩、コショウで味を調える。

③①の野菜を鍋に入れ、ひと煮立ちする。

④鍋にごはんを加えて、溶きタマゴをかける。

⑤冷蔵庫で冷やしていただく。

▲280kcal（1人分）

かやくごはん

■材　料〈4人分〉

米…2合
鶏ひき肉…40g
ニンジン…30g
ゴボウ…30g
A しょうゆ…大さじ1
酒…大さじ1
砂糖…小さじ2
塩…少々
油…適量

■つくり方

①ニンジンとゴボウはみじん切りにする。
②鶏ひき肉と①を油で炒め、調味料Aを加えて2、3分煮込む。
③米を洗い炊飯器に入れ、水は標準の量に合わせる。②を炊飯器に移す。
④炊き込み飯モード（ない場合は通常モード）で炊く。

■ひとこと

味の付いたごはんは食べやすく、野菜や肉が入るので栄養のバランスもとれます。戻した干し椎茸や薄揚げをみじん切りにして、他の具材と一緒に炒めて煮込むと、本格的な「かやくごはん」になります。

▲300kcal（1人分）

トマトライス

■材　料〈4人分〉

米…2合

トマト…中1個

コンソメ…固形1.5個（顆粒は小さじ2）

オリーブオイル…大さじ

粉チーズ…大さじ1

パセリ…少々

レモン汁…適宜

■つくり方

①米を洗い炊飯器に入れ、通常の水の量を入れる。

②コンソメとヘタを取ったトマトを丸ごと米の上に置いて、通常モードで炊く。

③炊き上がりにオリーブオイルをかけ、トマトもくずして混ぜ合わせる。

④皿に盛り、粉チーズとパセリ、好みでレモン汁をふる。

■ひとこと

赤い色は食欲を誘います。なかでもトマトの赤はいちばん！ケチャップの甘みではなく、生のトマトのやさしい酸味がオリーブオイルと合わさったトマトライスは家族に大人気です。炊飯器一台でできるおすすめレシピです。

▲200kcal（１人分）

トマトエッグあんかけ炒飯

■材　料〈４人分〉

ごはん…400g

ニンジン…60g

焼き豚…50g

小ネギ…20g

■トマトエッグあん

タマゴ…２個

トマト…100g

鶏ガラスープ（中華だしでもよい）…400cc

牛乳…大さじ１

片栗粉…適量

塩、コショウ…少々

油…適量

■つくり方

①炒飯《チャーハン》をつくる――焼き豚、ニンジン、小ネギを小さく刻み、フライパン（中華鍋）に油をひいて炒める。小ネギは仕上げの彩り用に少し残しておく。

②①にごはんを足して、強火で焦げ付かないように炒め、塩、コショウをする。

③トマトエッグあんをつくる――トマトは湯むきして小さく刻む。

④鶏ガラスープにトマトを加えて温める。水溶き片栗粉を加えトロミをつける。

⑤タマゴを溶いて、牛乳を加えて混ぜ、④に流す。

⑥②のチャーハンに、トマトエッグあんをかける。

▲454kcal（１人分）

ふわふわ オムライス

■材　料〈４人分〉

米…２合

A
- すりおろしニンジン…80g
- すりおろしタマネギ…1/2 個
- 固形コンソメ…1.5 個
- ケチャップ…大さじ４

□ふわふわタマゴ〈１人分〉

- タマゴ…１個
- 牛乳…大さじ１
- 生クリーム…大さじ 1/2
- バター…５g
- 塩…ひとつまみ

■つくり方

①米を洗い炊飯器に入れ、通常の水の量にAを足して炊飯器で炊く（または、米1合に１ℓの水とAを足してお粥を炊く）。

②ごはん（または粥）を皿にこんもりと盛る。

③タマゴを軽くほぐし、牛乳と生クリーム、塩を加えさっと混ぜる。

④温めたフライパンにバターを入れて焦がさないように溶かし、卵液を加えて、ふわふわになるように箸を４、５本で軽く混ぜ、ごはんの上に盛る。

③仕上げに、ケチャップ（分量外）をのせる。

■ひとこと

仕上げにバター大さじ２（30ｇ）を加えて混ぜると、ごはんの香りも味も引き立ちます。

サグカレー

■材　料〈４人分〉

ホウレンソウ…１束（150g）

ジャガイモ…中１個（100g）

タマネギ…中 1/2 個（100g）

トマト…１個（200g）

鶏ミンチ…200g

すりおろしショウガ

…１片（10g）

すりおろしニンニク

…１片（10g）

カレー粉…大さじ３

油…大さじ２

塩…小さじ１

コショウ…少々

生クリーム…60cc

□ニンジンライス

米…１合

ニンジン…小１本（100g）

固形コンソメ…１個

バター…10g

＊水の代わりにコンソメを溶いたスープを使ってご飯を炊くが、水加減はニンジンの水分を引いた分量にする。

■つくり方

①ホウレンソウは塩ゆでにし、水にさっとさらして色止めし、かるく絞《しぼ》ってミキサーでペーストにする。

②タマネギはみじん切り、トマトは湯むきにしてざく切り、ジャガイモは１センチ角くらいのさいの目切りにする。

③鍋に油を入れてショウガ、ニンニクを炒める。香りが出たらタマネギを炒め、鶏ミンチを入れてよく炒め、ジャガイモを加えて火が通るまで炒める。トマトを加えて、カレー粉と塩を入れて炒める。

④③に①のホウレンソウのペーストを入れて４、５分煮る。

⑤仕上げに生クリームをさっと混ぜる。

□ニンジンライス

①米は研《と》いでおく。ニンジンはすりおろす。

②炊飯器に①を入れ、ニンジンの水分を引いた分量のコンソメスープを入れて、炊く。

③炊き上がったらバターを入れて混ぜる。

■ひとこと

ホウレンソウの濃い緑とニンジンライスのオレンジがきれいで、見た目も食欲を誘います。ホウレンソウのペーストが鶏ミンチをより食べやすくし、ビタミンとたんぱく質を同時に摂ることができます。

▲320kcal（１人分）

青い野菜が食べたいな。
ビタミンたっぷりの青い野菜を食べたら、私はもっと元気になる。
うわー、緑のカレーだ！

朱夏ずし

■材　料〈4～6人分〉

米…2合

水…400cc

サラダ油…5cc

トマト…中6個

トウモロコシ

…1本（冷凍でもよい）

いりごま…大さじ2

青じそ…20枚

A
- 酢…45cc
- 砂糖…30g
- 塩…10g
- 出し昆布…適量
- （市販の寿司酢でもよい）

■つくり方

①トマトは皮を湯むきし、1センチ角に切って種を取り除き、半分を冷蔵庫で冷やしておく。

②トウモロコシはラップに包み電子レンジで5分加熱後、実をほぐす。

③いりごまは軽く包丁で刻み、香りを出す。青じそは、千切りにし、水にさらしてかるくしぼる。

④小鍋にすし酢Aを入れて沸かし、冷ましておく。

⑤米は分量の水とサラダ油を入れて炊く。炊き上がったら、ボウルに移し、④を回し入れてしゃもじで手早く混ぜる。

⑥粗熱《あらねつ》が取れたら、①のトマト半分を合わせ冷ます。

⑦器に⑥を盛り、冷蔵庫で冷やした残りのトマトをのせる。青じそを添えて完成。

■ひとこと

考案者は、和食料理人の渡部洋二氏です。「山陰中央新報」の料理連載「和と洋の競演」には、「中国の風水で用いられている季節を4つの色にたとえ『青春、朱夏、白秋、玄冬』の考えに基づきトマトの朱色と夏季をイメージした〈朱夏ずし〉をつくりました」と記載されていました。

▲360kcal（1人分）

遠い夏への思い出がこぼれて、ひんやり爽やかなお寿司になった。
トマトの酸味と、しその香りが心地よい
食卓に溢れるひとときの夏。

▲360kcal（1人分）

黒豆ごはん

■材　料〈4～6人分〉

もち米…2合

米…0.5合

小粒の黒豆…大さじ1と1/2

A
- 酢…1/4カップ（50cc）
- 砂糖…大さじ1
- 塩…小さじ1

■つくり方

①もち米とうるち米を合わせて洗っておく。

②フライパンで黒豆を炒る。

③米と黒豆を合わせて、通常の米の分量の水で炊飯する。

④合わせ酢Aを鍋で温め、炊き上がりの黒豆ごはんと合わせる。

■ひとこと

ごはんと合わせ酢を合わせると、さっとやさしいピンク色に変わり、見た目にも楽しめます。

もち米と米を合わせず、米だけでも、もち米だけでもできます。

海苔巻き

■材　料〈2本分〉
焼き海苔…2枚
ごはん…約150g

■すし酢
- 米酢…大さじ1
- 砂糖小さじ…1
- 塩…小さじ1/3

干しシイタケ…1、2枚
インゲン…1、2本
ニンジンの煮物…海苔の長さ（長めの千切りでもよい）
厚焼き玉子…海苔の長さ1本

■つくり方
①炊き立てごはんにすし酢を合わせて入れ、すし飯をつくる。
②干しシイタケは水で戻して、千切りにする。戻した水に醤油と砂糖（分量外、好みで）を入れて甘辛く煮る。ニンジンは、出し汁でやわらかくなるまで煮る。インゲンは色よく塩ゆでする。
③厚焼き玉子を作り、棒状に切る。
④巻きすを広げ、海苔1枚を光沢のあるほうを下にしてのせる。上1.5センチを残してすし飯の半量（1本分＝約75g）をまんべんなく広げ、ごはんの中央より少し上に②③を並べて巻く。

■ひとこと
海苔が噛みきれない方には、薄焼きタマゴで巻いてください。

パスタやパンをアレンジして

レモン風味のパスタ

材　料〈４人分〉
乾燥パスタ…200g
鮭（シャケ）…150g
ハクサイ（キャベツ）の葉先…100g
ニンニク…１片
A［生クリーム…300cc
卵黄…３個
レモンの絞り汁…大さじ1］
塩…小さじ1
コショウ…少々
オリーブオイル…大さじ2
▲635kcal（１人分）

つくり方
①鮭《シャケ》は軽く塩、コショウをして焼き、骨と皮をとって小さくほぐす。ハクサイ（またはキャベツ）の葉先はざく切りにする。
②パスタを30～40分、やわらかくゆでて、ザルにあげておく。ゆで汁を少しとっておく（パスタムースに使用）。
③フライパンにオリーブオイルを入れて熱し、スライスしたニンニクを入れて香りが立ったら①の鮭を入れ、ハクサイを加えて蓋をし、弱火で1分蒸し焼きにする。
④ボウルにAを入れて混ぜ合わせる。塩小さじ1／2、コショウで味を調える。
⑤④を③のフライパンに移し、混ぜ合わせる。
⑥ゆでておいたパスタに、⑤のクリームソースをかける。

ひとこと
パスタは30分ほどしっかりゆでると、乾麺の4倍ほどの重量になります。パスタが長すぎて食べにくければ、短く切ってください（写真上）。

パスタムース

材　料〈２人分〉
乾燥パスタ…30g
パスタのゆで汁…90cc
塩…少々
ソフティアＵ（100ページ参照）…小さじ２
▲40kcal（１人分）

つくり方
①パスタを30～40分、やわらかくなるまでゆでる。
②ゆでたパスタとゆで汁をミキサーにかけ、ソフティアU（ゲル化剤　100ページ参照）を混ぜる。
③鍋に②を入れ、ひと煮立ちさせる。
④冷めたら③をビニール袋に移し、冷蔵庫で冷やして固める。
⑤ビニール袋の角を三角に切り、器にパスタ風に絞り出す。
⑥上段レシピのレモンクリームソースをかける。

レモンが香るフレンチトースト

■材　料〈4人分〉

12枚切りの食パン…8枚
タマゴ…2個
牛乳…200cc
砂糖…大さじ3
バター…10g
レモン…1個
ハチミツ…大さじ1
ラム酒（好みで）…小さじ1
シナモンパウダー…少々

▲280kcal（1人分）

■つくり方

①レモンを輪切りにして、ハチミツに漬け込む。
②タマゴをほぐして混ぜ、牛乳と砂糖を入れて卵液をつくる。
　このとき、好みでラム酒を混ぜてもよい。
③食パンを斜め半分に切って、②の卵液に浸ける。
③卵液がパンにしみ込んだら、フライパンを熱してバターを溶かし、パンの両面に焼き色をつけるように焼く。
④皿に移して、①のハチミツ漬けのレモンを添えて、シナモンパウダーをふる。

オレンジ風味のフレンチトースト

■材　料〈4人分〉

12枚切りの食パン…8枚
タマゴ…2個
オレンジジュース…200cc
砂糖…大さじ3
バター…10g

▲260kcal（1人分）

■つくり方

①タマゴをほぐして混ぜ、オレンジジュースと砂糖を入れて卵液をつくる。
②食パンを斜め半分に切って、①の卵液に浸ける。
③卵液がパンにしみ込んだら、フライパンを熱してバターを溶かし、パンの両面に焼き色をつけるように焼く。
④皿に移して、好みでホイップクリームやアイスクリームを添える。

■ひとこと

卵液の代わりに「エンシュアリキッド」など栄養剤にパンをひたしてみましょう。食欲が低下して体力がないときは、少しの食事でエネルギー量と栄養価がアップします。

忘れてた！
レモンの香り。あの日の思い出

▲100kcal（１人分）

車《くるま》麩《ふ》のフレンチトースト

■材　料〈４人分〉

車麩…２枚

A
- タマゴ…１個
- 砂糖…大さじ１と1/2
- 牛乳…100cc

バター…15g

ハチミツ…適量

■つくり方

①車麩を水に浸けてもどして、よくしぼる。

②Aを混ぜて卵液をつくり、①の車麩を1時間ほど浸ける。

③フライパンにバターを溶かし、車麩の両面を焼く。

④皿に移して、ハチミツをかける。

■ひとこと

金沢に宿泊したときに、ホテルの朝食で出されたものです。麩は植物性たんぱく質が摂れて、カロリーを抑えてくれるやさしい食材です。

▲200kcal（１人分）

中華クレープ

■材　料〈４人分〉

薄力粉…100g

白ネギ…１本

豆乳…100cc

タマゴ…３個

塩…小さじ１

ごま油…適量

■たれ

マヨネーズ…大さじ２

しょうゆ…大さじ１

■つくり方

①白ネギはみじん切りにする。

②豆乳にタマゴを加えて混ぜ、薄力粉、白ネギを加える。塩を加え、滑らかな生地にする。

③フライパンにごま油をうすくひき、②の生地を流す。

④好みで、マヨネーズとしょうゆを合わせたタレを付けて食べる。

■ひとこと

お好み焼き粉を使うと、タマゴとネギを加えるだけで簡単につくれます。

介護食にこだわらないで、もっと楽しく

食べる喜びは、まず美味しいと感じられることです。また、できるだけ自力で食べること、何よりも「孤食」にならないでみんなといっしょに食べることができて、感想を共有できることでしょう。

美味しいと感じるのは、彩、味、盛り付けや季節感、思い出の料理、懐かしい味など、食べる人の感覚をどれだけ多く、強く刺激することができるかにかかっています。そのためには、感覚が落ちないように、例えば味覚を維持するために口腔内の清潔や機能を保つこと、食べる時には食事がしっかりと見えるようにメガネをかけたり、照明を考えるなど視力を補強すること、自分で食べられるように使いやすい食具（スプーン、フォークなど）や食器を揃えることも大切です。

デザートは日常の食生活のちょっとおしゃれな演出となります。できればみんなと同じものを、ゆっくりと時間がかかっても一緒にいただきたいものです。

介護する側からすれば、デザートは簡単に、調理や片付けの負担を少なくして手軽につくりたいと思います。

果物はビタミンや食物繊維を摂ることができる大切な食材です。また色鮮やかなものが多く、季節を感じさせてくれます。食事が十分に摂れない場合、デザートが水分や栄養補給の助けにもなります。

デザートを気持ちも穏やかに家族といっしょに「おいしい」と会話を弾ませて食べる時間をつくるためにひと工夫した料理を紹介しています。

嗜好品のアルコールも生活を豊かにする食品なので、デザートにアレンジしました。見た目にもきれいなデザートで家族、友人と集える時間が持てることを願っています。

果物を煮る話

店先で季節の果物に出会うと、その色や香りが心を弾ませてくれます。果物はそれぞれ旬があり、出まわる時期が限られ、長期間、生のままで保存することが難しい。だからこそ、イチゴの季節、桃の季節、イチジクの季節などと好物の果物の到来は待ち遠しく、思いも深いのです。

果物をそのまま食べられない場合、絞ってジュースにする、果汁をゼリーにするなど簡単な工夫で食べることができます。また、ほぼすべての果物はシロップ煮ができます。冷やしたコンポートにアクセントのレモンや洋酒を加えて作ると、見た目もおしゃれです。

そして
やさしいデザートを

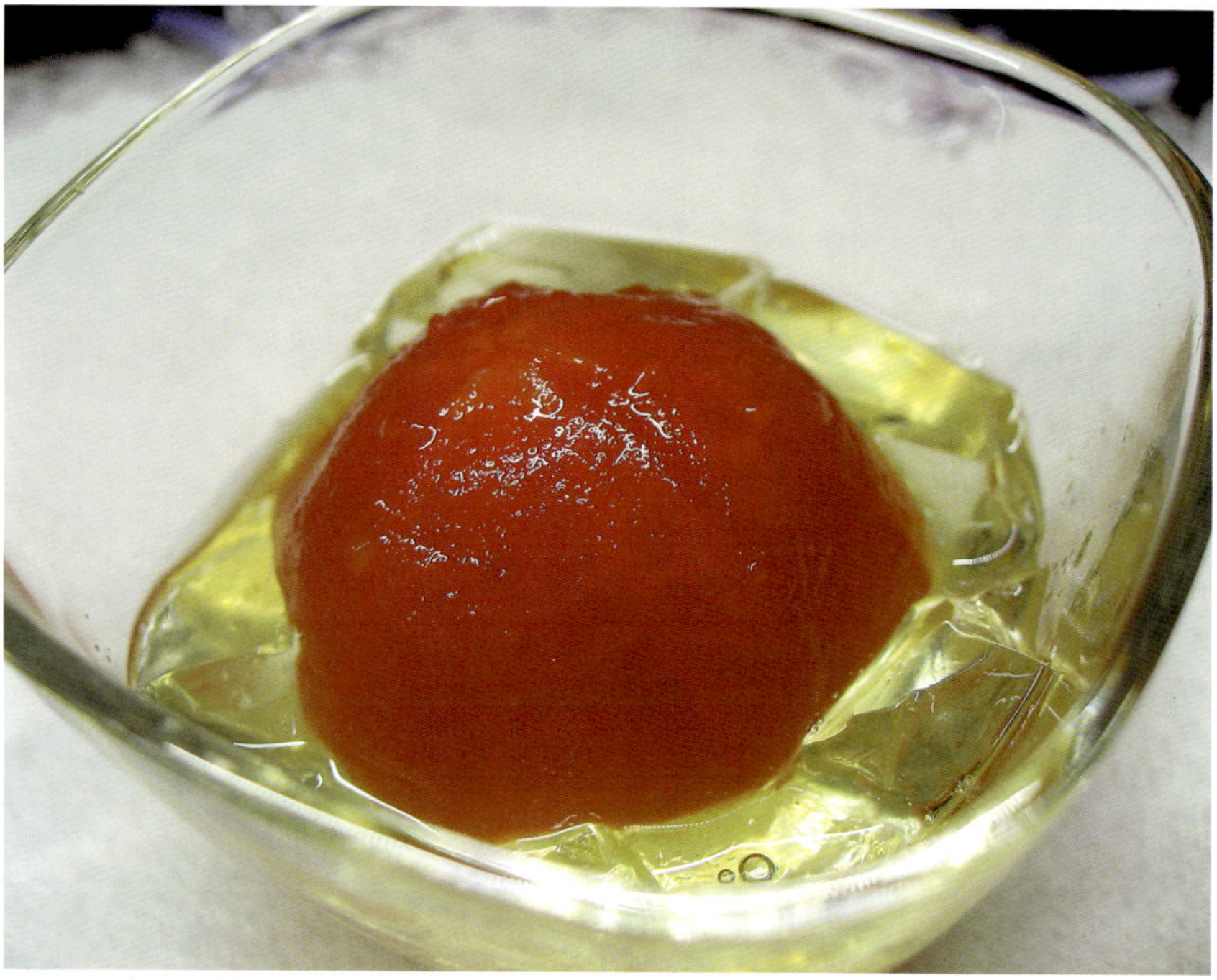

▲70kcal（1人分）

トマトのコンポート

■材　料

トマト…小4個（またはミニトマト8個）
グラニュー糖…40g
水…80cc
レモンの輪切り…2枚
粉ゼラチン…8g
ハチミツ…小さじ2

■つくり方

①トマトの皮を湯むきする。
②鍋にグラニュー糖と水、レモンの輪切りを入れて沸かしてシロップをつくり、湯むきしたトマトを加える。
③弱火で10分加熱し、トマトを取り出して冷まし、冷蔵庫で冷やす。
④シロップにゼラチンを加えて冷まし、冷蔵庫で冷やし固める。
⑤器にゼリーとトマトを盛り、ハチミツをかける。

■ひとこと

冷やして召し上がってください。

シロップにミントなどハーブを入れ、香りを付けてゼリーにすると、見た目もきれいで、美味しくいただけます。

▲185kcal（１人分）

イチジクのコンポート

■材　料
イチジク…大４個（約400g）
砂糖…120g
レモン汁…大さじ１
赤ワイン（好みで）…大さじ３
水…適量

■つくり方
①イチジクはヘタを切って、皮をむく。
②鍋にイチジクを並べ、砂糖、レモン汁、赤ワインを入れ、水をヒタヒタになるように足して、弱火で煮る。
③やわらかくなったら出来上がり。冷蔵庫で冷やす。

■ひとこと
煮るときに赤ワインを使わなくてもかまいません。

皮ごと煮るときは、ヘタを取ったあと、30分～半日以上水に浸け、灰汁《あく》を抜いてから調理しましょう。

ヨーグルトや生クリームと和えると、上品な甘さと香りが楽しめます。

▲76kcal（1人分）

イチゴのシャーベット

■材　料

イチゴ…1パック（270～300g）

コンデンスミルク…大さじ2

ガムシロップ…大さじ2

レモン汁…1/2個分（好みで）

■つくり方

①イチゴのヘタを取ってよく洗い、冷凍庫で凍らせる。使う10～20分前に冷凍庫から取り出し、少し解凍する。

②その他の材料とともにミキサーにかける。お好みでミントなどのハーブを添える。

■ひとこと

手間いらずのデザートです。冷凍することで果物の色が鮮やかになります。食欲が少し落ちた時には間食にして、エネルギーを補うのもよいでしょう。

▲200kcal（１人分）

梅酒ゼリー

■材　料

梅酒…500cc

粉ゼラチン…10g

■つくり方

①梅酒を鍋で温める（80度以上）。粉ゼラチンをふり入れて、よく溶かす。

②粗熱《あらねつ》をとったら冷蔵庫で冷やす。

■ひとこと

梅酒の梅の実を小さく刻んで加えてもいいでしょう。ヨーグルトをかけると、バランスのよい甘みになります。

日本酒や焼酎に好みでお砂糖を加えても、同じように作ることができます（アルコール度が高いので沸騰させてアルコールを飛ばします）。

ゲル化剤（ソフティアU　100ページ参照）を使用すると簡単に固めることができます〈梅酒３００ccに対して、ソフティアUを小さじ１（１g）〉。

飲み込みやすくジュースにしよう

生フルーツの冷凍

■つくり方

①好みの果物を種や皮をとって、食べやすい大きさに切って冷凍する。

■ひとこと

食欲が落ちた時、食べるものに関心がもてない時にひと口、食べてみましょう。

果物がフレッシュな時に少しだけ冷凍しておきましょう。

好きな果物を、バナナジュースやライスジュースに入れて、楽しんでください。

バナナジュースいろいろ

■材　料〈2人分〉

バナナ…1本

生フルーツの冷凍…50g

ヨーグルト…100cc

牛乳…100cc

▲130kcal（1人分）

■つくり方

①バナナと冷凍フルーツ、好みでヨーグルトや牛乳と合わせて、ミキサーあるいはフードプロセッサーにかける。

■ひとこと

ジュースにバナナを加えるととろみが付きます。また、バナナを厚目の輪切りにして冷凍したものを使えば、より冷たいジュースにもなります。材料の組み合わせは、好みで自由に楽しんでください。

ライスジュースいろいろ

■材　料〈4人分〉

フルーツ（イチゴ、ブドウ、パイナップル、メロンなど）…600g

お粥…100g

シロップ…20cc（好みで加減する）

▲130kcal（1人分）

■つくり方

①フルーツは皮や種を取って冷凍で保存。

②お粥も作り置きをして、冷凍で保存。

③分量の果物とお粥を半解凍にして、シロップを加え、ミキサーにかける。

■ひとこと

お米を使ったジュースです。意外な取り合わせですが、美味しく、ビタミンを損なわずエネルギーも摂れます。

A：▲120kcal（1人分）

長イモのジュース

■材　料〈4人分〉

A：イチゴの長イモジュース

イチゴ…300g

長イモ…150g

牛乳…1カップ（200cc）

コンデンスミルク…大さじ3

B：オレンジの長イモジュース

長イモ…150g

オレンジジュース

…2カップ（400cc）

コンデンスミルク…大さじ2

■つくり方

①A、B好みの材料をミキサーに入れて混ぜる。

■ひとこと

沖縄で今、流行りの長イモジュース。消化がよく栄養価が高く、滋養強壮効果も高い食材です。においもなく、ジュースにすると、とろみがあって飲みやすくなります。

B：▲100kcal（1人分）

フルーツシロップ

■材　料

氷砂糖

フルーツ（カボス、グレープフルーツなどの柑橘類、キウイ、イチジク、プラムなど）

■つくり方

①フルーツとその75％の重量の氷砂糖を交互に重ねて4、5日置く。氷砂糖が溶けたら出来上がり。

②ヨーグルトやかき氷にかけたり、炭酸で割って飲む。

■ひとこと

フルーツのさわやかさをそのまま感じることができます。ビタミンをたっぷり摂取しましょう。

上の写真は、カボスを使っています。

生クリームやヨーグルトをたっぷり使って

柿とアボカドのヨーグルト和え

■材　料〈４人分〉
柿…１個
アボカド…１個
ヨーグルト…50cc
生クリーム…大さじ２
アンチョビ…１切れ
（あるいは、アンチョビペースト…小さじ２）
はちみつ…大さじ１
オリーブオイル…大さじ１
レモン…半分
塩・コショウ…適宜

▲210kcal（１人分）

■つくり方
①柿は皮をむいて、うすくスライスし、アンチョビは小さく刻む（ペーストの場合はそのまま）。
②①に塩、コショウ、はちみつ、オリーブオイル、レモンのしぼり汁入れてマリネにしておく。
③アボカドは半分に切って、種を除いてスプーンで身を取り出し、食べやすい大きさにカットしておく。
④ヨーグルトに生クリームを加え、全体を混ぜ合わせる。

■ひとこと
生クリームを加えるとコクが出てきます。柿の代わりにリンゴを使っても美味しく、②の手間を省くと、より簡単なデザートになりますが、柿をマリネすることでおかずにもなります。

ミルクとうふ

■材　料〈４人分〉

くず粉…50g

牛乳…300cc

生クリーム…200cc

かつお節…1.5g

しょうゆ…10cc

▲250kcal（１人分）

■つくり方

①くず粉、牛乳、生クリームを鍋に入れ、弱火でだまにならないように5、6分練る。

②流し型に入れて、固める。

■ひとこと

だまができないように弱火で練ってください。牛乳の量で硬さを調整することができます。

味付けをしないで作っているので、シロップや上の写真のように好みのジャムを添えてください。また、かつお節をかけてしょうゆ味、味噌味にするとおかずになります。

口当たりがよく、少量で高カロリーを摂取できます。コクは生クリームの量で調整してください。

▲120kcal（1人分）

スイートポテト

■材　料〈4人分〉
サツマイモ…160g
コンデンスミルク…35g
バター…大さじ1
ハチミツ…大さじ1
ラム酒（好みで）…適量
シナモン（好みで）…適量

■つくり方
①サツマイモは皮をむいてゆでる（または、蒸す）。
②イモをつぶし、その他の材料を混ぜて、ボール状に丸める。
③好みで、下の写真のようにオーブンで焼いて焦げ目をつけてもよい。

■ひとこと
写真は②の丸めただけですが、焼き色をつけると、下の写真のようになります。
焼き芋を縦半分に切って、②を皮に戻して焼いてもいいでしょう。

▲360kcal（1人分）

バナナドーナッツ

■材　料〈4人分〉

バナナ…1本
絹ごしとうふ…150g
ホットケーキミックス…150g
タマゴ…1個
揚げ油…適量
ハチミツまたは、砂糖（好みで）…大さじ1

■つくり方

①ボウルにバナナとうふ（水切りしない）を入れてつぶす。タマゴを加えてよく混ぜ、ホットケーキミックスの粉を入れてさらに混ぜ合わす。甘い味が好みであれば、ハチミツ（または砂糖）を加えて混ぜる。

②油を170度に温めて、①をスプーンですくって、揚げる。

■ひとこと

時間が経ってもふんわりとしています。「暮らしの保健室」でも大人気でした。

▲146kcal（1人分）

リンゴ和えのフルーツポンチ

■材　料〈4人分〉

リンゴ…160g
イチゴ…80g
バナナ…80g
オレンジ…80g

A
- 白玉粉…60g
- 上新粉…60g
- 水…40cc

■つくり方

①ボウルにAを入れてこねる。

②①を食べやすい大きさに丸め、中央をくぼませた小さな団子をつくり、沸騰した湯に入れてゆでる。

③リンゴはすりおろし、イチゴ、バナナは食べやすく切る。オレンジは皮をむいて一房を2、3切れにする。

④②と③を混ぜ合わせる。

■ひとこと

いろんなフルーツを色とりどりに使い、おろしリンゴでやわらか団子と一緒に和えると、しっかりした補食となります。

▲130kcal（1人分）

くっつかない団子

■材　料〈4人分〉

絹ごしとうふ…50g
白玉粉…80g
牛乳…35cc
A しょうゆ…大さじ2
A 砂糖…20g
A みりん…大さじ1
A 水…60cc
片栗粉…小さじ1

■つくり方

①とうふはざるに置くか、ペーパータオルで絞って水を切り、すり鉢に入れてつぶすか、穴あきお玉じゃくしでつぶす。

②①に白玉粉と牛乳を加え、小さな団子にして、沸騰したお湯で湯がく。

③Aのたれの材料を煮立て、水溶き片栗粉でとろみをつけ、団子をからませる。

■ひとこと

とうふを一緒に入れて団子にすると粘度《ねんど》が抑えられ、喉の通りがよくなります。味は変わらないのが不思議です。

栄養剤の話

食事を摂って、体の中でエネルギーに変えるためには体力が必要です。熱が出たり食欲が落ちたりして食べる量が減った時には、効率よく吸収され、栄養バランスの取れた栄養剤（商品名・エンシュアリキッド、エネーボ、ラコールなど）を活用することも、体力を保ち、栄養状態を維持するための良策です。

栄養剤を毎日、継続摂取する必要がある方、また活動量や食事量に合わせた摂取が必要な方もいます。そのような方にとって、栄養剤を楽しく、美味しく飲めたら、きっと栄養価も高まると思います。

栄養剤は「飲みにくい」「まずい」といわれますが、ちょっとした工夫でも味がぐっと違ってきます。コーヒー味の栄養剤にさらにインスタントコーヒーを足すと、コーヒーの香りがぐっと引き立ちます。牛乳好きの方は、牛乳で薄めてみましょう。コーヒー味とバナナ味をミックスするとコーヒーバナナ味の栄養剤になります。

栄養剤を美味しく飲めたら、元気を取り戻せる方が多くいることを感じています。紅茶が大好きな私は、ミルクをいっぱい入れたアールグレイを飲んだ時に、エネーボにきっと合うと思い試してみました。美味しかったです。

あきらめないで
がまんしないで

インタビュー・取材

川口美喜子　門田收平

もっと楽しく、もっと手軽に
・・知って使おう

大学病院に栄養士として勤めていたころ、いろいろな栄養食品メーカーの方が研究室に訪ねてみえていました。もちろん彼らは仕事で商品の紹介にみえるわけですが、ただ商品を「売る」ためだけではなく、互いに情報を交換したり、私からは現場で困っていること、「こういうものがあればいいんだけど」、「この辺が使いにくいところで……」などと相談し、病院の中にいるだけでは見えない部分をたくさん教えてもらいました。彼らと話していると、本気で取り組んでおられる熱い思いが伝わってきました。

本書では、私が出会ったメーカーさんの中から四社の方にお話をうかがい、その商品の一部を紹介します。栄養面はもちろん、味の追求、使いやすさなど、日常生活の中に溶け込むための細やかな配慮と膨大な試みを積み重ねた成果です。

家でバランスよく食事をすることが難しいという方、美味しいものをつくって食べようとい

やさしい献立　キユーピー株式会社

ソフティアS／ソフティアU　ニュートリー株式会社

う気力が失せた方、日々の介護に疲れ、食事まで手がまわらないというご家族、好きなものを食べて欲しいけれど、ご本人が噛めない、飲み込めないから諦めているという介護する側の方を対象に、本書では、身近な食品を使った簡単でバランスのよいレシピを紹介しています。まずはつくってみてください。

それでも「毎日三食は無理」という方は、是非、こうしたレトルト食品を使ってみてください。美味しくいただけますし、気持ちにゆとりができます。

食品ばかりでなく、料理や飲料に使うことで嚥下を助ける製品も紹介しています。喉を詰まらせるという不安から解放され、メニューが単調にならず、楽しく食事をいただけます。

そして最後に、自然な排泄を助ける製品を紹介しています。毎日、気持ちよく出すことは健康に向かう第一歩です。そして何より、オムツが取れると、食欲も出てきます。

まずは手軽に試してみてください。食卓が楽しくなります。食べることを、あきらめないで、我慢しないでください。

あいーと　イーエヌ大塚製薬株式会社

サンファイバー／サンファイバー*AI*　太陽化学株式会社

ベビーフードから「やさしい献立」に

キユーピー株式会社　丸山 浩介さん　中東 美幸さん

川口　私は、講演でよく「世界遺産で培われた日本人の食を守る栄養士だから、そんなに簡単なことで満足していただけないんじゃないの」って言うんですけど、今、若い栄養士が食から少しずつ離れていって、データを追うようになってきているんです。食体験、メンタル面にもっと意識を高めて対応していいんじゃないかと感じています。

中東　「食」において気持ちの部分って大きいですよね。

門田　介護食「やさしい献立」シリーズは年間、どれくらい売り上げがあるんでしょうか。

丸山　数量にすると約五十万食くらいでしょうか。病院給食のほうがボリュームが大きいんですよ。まだまだ知られてないっていう感じかなと思っています。

門田　どういうふうに普及を進めているんでしょうか。

丸山　そうですね。ドラッグストア、スーパーに置いていますがなかなか見つけていただけない。で、まず必要な方にお届けしたい、味をみていただきたい、という思いから在宅に向けて、ケアマネジャーの方を対象に「知っておきたい高齢者の食事講座」というサイトを設けています。

ペースト食、レトルト食品

門田　「やさしい献立」は、かたさや粘度に応じて4段階ありますが（表参照）、どの段階の商品が一番伸びていますか。

丸山　この二、三年では一番伸びているのが「かまなくてよい」ペースト的なものです。「容易にかめる」「歯ぐきでつぶせる」は常食に近いので、それなら家族と同じメニューを食べたいわけです。「かまなくてよい」の形態になると、もうひと手間かけなければならないので、品数をそろえたいとなると、「もう一品」にというような使い方をしていただいているようです。

川口　美味しいんですよ。ペースト食って旨味がすごくあるから。病院でも、ペースト食はただ水で薄めてつくっているわけではなくて、一品一品蒸したりして、特別につくっていますけど、見た目がね。

丸山　勉強会のあとは試食会をします。食品ですから区分ごとに代表的なものを食べていただくんですが、「あっ、こんなに美味しいの！」って言われます。試食で一番驚かれるのは、こちらのコーン（「なめらか野菜　コーン」）なんですね。このまま牛乳でのばせばスープになります。

レトルト食への偏見

川口　これ、普通の人が食べてもいいわけですよ。これから増える高齢者を食で差別してはいけないと思っているんです。だから、家庭の中で「やさしい献立」のような完成度が高いレトルト食品を普通に使いながら、お孫さんがいて、お父さんお母さん世代がいて、おじいちゃんおばあちゃん世代がいて、その中で次の世代の人たちがこういうものを自然に受け止められるような教育が必要になってくると思う。

中束　「介護食」となっているから特別な食品のように思われるんですけど、皆さんが忙しいときにレトルトカレーを使われるような感覚で、「今日、忙しいからこれを使おう」となるのが理想なんだろうと思ってます。

丸山　マーケティングのためのインタビューをすることがありますが、ある一人の方が専業主婦で七十三歳、その方が介護をしている義理のお母さんが九十二歳。「手料理じゃないと許してくれないんです」とおっしゃる。でも、七十四歳のご主人には、「忙しいから」と言ってレトルトを出しても、「ああ、そうか」とあまり抵抗感がないそうで。

門田　世代によっては、レトルト食品に抵抗があるんでしょうか。

丸山　まだまだあるんだと思います。

川口　私の世代は、記憶の中で、こういうものは美味しくなかったの。特に臭いが。だから、食べる前にパッケージから出されてしまうと、どうしても不味いだろうって思ってしまうけど、今の三十代、四十代の人たちはレトルトに慣れているので違和感がないようです。

ベビーフードからの発想

門田　キユーピーさんはベビーフードを手がけていらっしゃいますよね？

丸山　そうですね。だから、店頭でお孫さんに買われているの

日本介護食協議会　ユニバーサルデザインフード　区分表

表　示	かむ力の目安	飲み込む力の目安
容易にかめる	かたいものや大きいものは、やや食べづらい	普通に飲み込める
歯ぐきでつぶせる	かたいものや大きいものは、食べづらい。	ものによっては、飲み込みづらいことがある
舌でつぶせる	細かく、またはやわらかければ食べられる	水やお茶が飲み込みづらいことがある
かまなくてよい	固形物は小さくても食べづらい	水やお茶が飲み込みづらい

かなと思って意識調査をすると、結構、介護食として使われているということがわかってきて、それが取り組むことになった発端なんです。

門田　つくり方はベビーフードと一緒なんですか。

丸山　そうですね。やわらかくする技術はベビーフードで持っていたのですが、味づくりのほうも、ホテルのスープなどを缶詰で作らせてもらったりしているので、ずっとベースで持っていました。味づくりとやわらかくするという技術を生かして作らせていただいたという感じですね。

中東　購入されている方から「ベビーフードのメーカーだから安心して使える。自分も子どもに使っていたから」と言っていただきますが、そこも安心の要素みたいです。

丸山　介護食関連で市販されている他メーカーも、もともと離乳食を販売しているところが多いですね。一品あたりそんなに出なくても種類は必要なものですから、製造の立場からいうと、ベビーフードをやったことがなかったら、難しい分野ではないかと思いますね。

中東　ベビーフードは、月齢によって食品の硬さや食べられる食材が変わっていきます。量も少ないですし。

丸山　実際「やさしい献立」のパンフレットには六〇アイテムが載っていますが、ベビーフードだと一〇〇くらいです。ベビーフードの場合は常食に近づいていくんですね。栄養というより、噛む力や、舌の動き方、それに適したかたちの大きさやとろみ形態というつくり方をしていきますね。

門田　介護食との違いは何かあるんでしょうか。

確固たる食履歴

丸山　召し上がる皆さまに確固たる食履歴というものがあることですね。面白いのは、おじやなど「和」の人気もありますけど、ある面では「洋」、つまり元気なころの洋食メニューも、根強い人気があるんですよ。

川口　スパゲティナポリタンだとかクリームシチューだとか、お好きですよね、高齢者の方。がんの患者さんもそう。

中東　一番人気は「おじや　親子丼風」ですね。塩分で濃くしてはいけないので、味づくりは研究所もかなり意識しています。

丸山　出汁《だし》を上手に使って味にメリハリをつけています。

中東　ただ介護する方が味見してしょっぱいと感じられるみたいで、塩分量を一品ずつ抜き出して表示に入れています。

川口　歳をとってくると味覚の閾値《いきち》が上がってきますからね。

食のスイッチ・・すりおろしたリンゴ

丸山　この「すりおろし果実　りんご」は六年前に開発した製品で、在宅で、フルーツを食べたいけれど噛みにくい方などを対象にしています。カップもありますが、一回空けると全部は食べきれない。でもこれはリキャップできる。

中東　あと、一口だけしか食べられないのに、一口分のリンゴをおろすって難しいと思います。これだったら、食べられるだけ出していただけます。

川口　子どもの頃、病気で寝ているときに、母がすりおろしてくれていましたね。

中東　お年寄りにはそういう記憶があるので、食べる気が起きない時や意欲がわかない時でも、懐かしいもの、記憶の中で好きだったものということから、食べたい気持ちになってもらえるかなと。

川口　これを食べることがきっかけになって、次の食に進んだということもあって、安心感がある。病院でも大ヒットしました。

門田　単にすりおろしたものと、どう違うんですか。

中東　九五%がりんごですけど、滑らかさがまず違います。家ですりおろすと繊維が残るし、すりおろした先から色が変わります。これはビタミンCを入れていますから、しばらく置いておいても色が変わらないんです。

門田　記憶が大切なんですね。懐かしいとか。

丸山　食のスイッチを入れることは大切ですよね。

中東　食べる気になれば、食べられる方ってまだまだいらっしゃると思うんですね。

川口　まず、知っていただきたいですね。

普通の生活、普通の食卓の延長に

イーエヌ大塚製薬株式会社　あいーと事業部　北村　研さん

摂食回復支援食「あいーと」開発まで

門田　「あいーと」の事業はいつから始めていらっしゃるんですか。

北村　二〇一〇年の十月から発売開始です。プロジェクトとして立ち上がったのが、二〇〇六年の十一月ごろで、発売までに四年くらい研究開発にかけています。

門田　どうして研究開発をスタートされたんですか。

北村　それまでは経腸栄養剤をやっていまして、ただ、それで栄養は補完できますが、最終的に口から食べるというところがゴールだろうとずっと考えていたんです。それで、必要な時期は管理した経腸栄養剤で栄養を摂ってもらい、そこから普通の食事に戻る過程に取り組むことで、スムーズに戻れるようにしたい。そこまでサポートできればと考えて、プロジェクトがスタートしました。

　例えば、ミキサー食や刻み食はなかなか食欲がわかないので、全部食べなかったり手をつけなかったりということで、逆に栄養状態が悪くなってしまう場合もあります。病院などで栄養士さんもそこを課題として捉えていらっしゃった。ただ、調理現場では、普通の食材をそのままやわらかくするということが難しいので、そのあたりをテーマとして取り組もうというのが発想なんです。

門田　始められた当初、世の中では、点滴しておくことが普通だという雰囲気ではなかったんですか。

北村　一般にはそういう印象があったかもしれませんが、臨床現場では、やはり点滴だけでは問題がある。例えば、点滴が二週間以上になると消化管をまったく使わないので、小腸の消化吸収機能やバリア機能が低下してしまって、腸内のバクテリアが体内に入ってくるという危険性がわかっていたんですね。

　さらに口を使わなければ、噛む力や飲み込む力などの機能も低下する、口腔内の衛生も非常に悪くなるという問題もありました。だから、使える機能をうまく使うことで、残存機能を維持し身体状態も保持できる。食事という生き甲斐の部分もあるので、そこを目指すという考えでした。

川口　以前、病院の栄養士として病棟を回っていたときに、私は経口摂取目的の手段としての経腸栄養という捉え方をしていたんです。そのためには一種類の経腸栄養では健康状態を維持はできないと思ったんですよ。でも、一般には、経腸栄養＝最終栄養摂取のゴールみたいになっていた。だから、北村さんたちは、十年後を見据えていたということですよね。

胃ろうも決して最終ゴールではないの。口から食べるために必要な手段。医療行為なんですよ。「あいーと」は、食べながら、胃ろうも継続できる。胃ろうをやっているその先には食べることがある、という意欲を持たせてあげられると思うんですよ。

酵素法を使って、口から食べるという医療

門田　「あいーと」は、生き方をより豊かにするというプラスアルファの付加、生き甲斐の部分だと思うんです。そのあたりで商品としての期待はいかがですか。

北村　生活する上で、食事ってすごく大切な部分だと思うんですよ。アンケートをとると、入院されたり介護施設に入所されたりしている方は、やっぱり食事が一番の楽しみ。生活の上での大きな生き甲斐になっているんですよね。商品の売り上げというよりは、そういう意味合いのほうが、取り組むきっかけとしては大きかったような気がしますね。

川口　私は、食べることは医療と認識しているんです。そうすると、経腸栄養も成分や投与方法がどんどん進んでいって、横になっている時間を短くしてお尻の創傷をなくすとか、介護の人の手間を省くとか、それは全部医療なんです。「あいーと」も目指すところは満足度だったり豊かな食生活だったりするかもしれないけれど、それも医療の一つだと思うんです。食べること、口を使うこと、胃腸を動かすことが健康になる一つだと思うから、その手段として、酵素法で口から食べられるものをつくるということだと思う。

普通の食事、みんなで囲む食卓

門田　「あいーと」のような製品が必要になるときって、徐々にということもあると思うんですけど、ある日突然そういう局面に向き合う場合もありますよね。そういう方に、どうやってこういう食事があ

るとお知らせするんですか？

北村　そこは悩んでいるところですけど、介護を必要とする方のいない家庭では、「あいーと」を使うシーンはまったく想像できないし、情報を発信してもスルーしています。ですから、一つは、在宅に近い主治医や訪問看護師さんが「あいーと」を知っていれば、紹介してもらうことができると思います。それが、一番的確に製品の情報を伝えられて、安全に使ってもらえるという方向になると思うんです。ただ、まだまだ認知度は低いと思ってますし、介護食のイメージもあまりよくないということがあるんですよね。

門田　「あいーと」は、美味しそうな冷凍食品ですよね。

北村　そうですね。でも一般的には、介護食のマイナスイメージがあると思います。例えば、家族は普通のものを食べて、おじいちゃんがミキサー食だったら、家族は気を遣って食べにくい。そういうことはあると思いますね。

門田　そういった意識の段差をなくしたいということもあるんですね。「あいーと」のように見た目が常食とまったく変わらなければ、食卓に一緒に並べられるかな、とか。

北村　そうですね。でも、最大の目的は、普通の食事として食べてもらいたいというところがあります。

お正月に家族親戚が集まってお節《せち》をいただくとき、同じ内容だったら一緒にお祝いできるけど、それがミキサー食になっていたら気まずいこともあるかもしれない。目指してきたのは、普通の食事として食べてもらうことです。

だから、咀嚼機能が低下している部分はやわらかくするなど物性を調整してサポートするけれど、それ以外の見た目や味はまったく普通の食事と同じ要素を持ったものであればいいのかなと。特別感を演出したいわけではなくて、普通の生活の延長上にあるというところを目指してやってきたんです。

門田　なるほど。日常の中にあるということですね。

北村　今まで何十年と食べてきた食事が、最後まで続くのが理想。でもそれができないとき、物性だけは違うけど、やわらかくして食べられれば、自分の中にある食文化を壊さずに生活できると思うんです。

「あいーと」の味付け

門田　味付けはどうですか？

北村　味付けは少し濃いめにしています。やっぱり歳を取ると味覚も少しずつ低下しがちだということもあるので、出汁《だし》を強くしています。

門田　今、品目はいくつありますか？

北村　今、四十一品目ですね。発売当初は十五品目からスタートし、最初は和食中心で構成しています。当時は、和食が一番好まれると考えていて。でも、蓋を開けてみると、洋食が欲しいという意見も結構ありまして、もう少しバラエティに富んだメニュー構成にして開発していきました。

なかには、当初の製品から味付けなどをリニューアルしたものもあります。開発当時に比べて技術レベルが年々上がっていくと、調味の部分も製造工程の部分も見直しをしてさらによくしていきます。

ただ、「あいーと」でも難しい食材もあります。例えば、生もの。サラダとか寿司とか。酵素を使うとどうしても加熱しなければいけないので、生ものはできないです。酵素の種類もあって、食材ひとつひとつによって適正な酵素が違ったりするんです。あと、酵素を浸透させる条件も、食材の組織が違うとまた違ってくるので、そのあたりの工程の付加が課題ですね。

門田　どのメニューが一番人気ですか?

北村　すき焼き（「すき焼き風寄せ煮」）です。料亭の料理長に頼んで、味は結構厳しく。

川口　これで七八キロカロリー。これ一食、食べられたら十分よね。

酵素を使っている食品の可能性

門田　少し高めの価格設定ですが、利用者の反応はどうですか?

北村　日常の食事として考えれば、高いかもしれません。ただ、使い方で、これを毎日三食使い続ければ、経済的には負担がかかる金額になりますが、例えば一日一品とか、忙しいときに便利に使うとか、お祝いのときに使うとか。

製造過程を知っていただいた方は、価格にも納得してくださるんですけどね。

川口　「あいーと」は酵素を使っているから、消化吸収がしやすくなっているんですよ。消化管術後の人でも早めから使えるし、私が思っているのは、膵臓がんの人で酵素が出にくくなっている人でも使えるんじゃないかみたいな。そういうところにも着目ができます。

「ごっくん」と飲み込みやすく

ニュートリー株式会社　広報広告課　横山　祥子さん

「ごっくん」と飲み込みやすく

川口　ニュートリーさんの製品というと、私たちの世代はまず、「アイソトニックゼリー」が浮かびます。病気の方やご高齢の方は水分を十分に摂ることが大切なんですが、気管に入ってむせたりしやすいので、昔は看護師さんが片栗粉を薄く溶いてとろみを付けたりしていたの。そこに「アイソトニックゼリー」が出てきて爆発的なヒットでしたね。

横山　はい。実際、今も病院、介護保険施設を中心によく出荷されており、近年は訪問看護師の方の紹介などがきっかけで、在宅療養をされているご家族の方にも利用いただいています。飲み込みをサポートする製品は他に、「ソフティア」も広く利用が進んでいます。

川口　「ソフティア」ですね。一般の方にはとろみ剤がどういうものなのかよくわからないと思うんですよね。少し紹介してください。

横山　はい。まず当社ニュートリーは、嚥下補助食品と栄養補助食品の二本柱で、開発、製造、販売している食品メーカーです。嚥下補助食品では「ソフティア」シリーズが代表的な製品といえます。その中でも、とろみをつけるとろみ剤と、ゼリー状にするゲル化剤の二タイプが飲み込みやすくするための食品です。

なぜ嚥下補助食品が必要かというと、平成二十七年厚生労働省の調べでは、日本人の死因別死亡数の第三位は肺炎といわれており、あるデータでは、高齢者の場合、肺炎の原因の約七割が誤嚥といわれています。誤嚥性肺炎を予防するためには、口腔ケアの他、食形態の工夫が必要で、とろみ剤やゲル化剤は、その目的で必要とされます。

介護食というと、咀嚼しやすさ、つまり食材のやわらかさに注目が集まりがちですが、嚥下、つまり飲み込みやすさが実は重要なんです。

嚥下って何？

横山　では、「嚥下って何?」というところなんですが、私たちは普通、食べものを目で見て、口に入れて噛みます。食べ物を噛んだときに唾液を出したり、舌を使ったり、上顎を使ったりして、飲み込みやすくまとめるんですね、それを食塊といいます。喉の奥には二つの入口があって、一つは肺、一つは食道に向かいます。通常は、そこに蓋（喉頭蓋）があって、ごっくんとするときに気管に入らないように反射的に蓋をするんですね。そうすると、そのまま食道に落ちていきます。ところが、老化や病気が原因で飲み込む力が弱くなると、この蓋が機能しなくなって、気管に入ってしまう。

　食事や会話などで口をあまり動かさない人ほど口の中に細菌が繁殖しやすいんです。細菌が付いた食べ物や唾液を誤嚥して吐き出せないでいると、肺の中で炎症を起こして、誤嚥性肺炎になる、と。

　だから、食べ物がごっくんと、蓋のスピードに合わせて流れ落ちれば、気管に落ちる心配は少なくなります。当社では飲み込み（＝嚥下）のメカニズムを踏まえ、科学的な根拠を持って、とろみ剤であったり、ゲル化剤を開発しています。

川口　ごっくんと飲み込みやすくするんですね。

横山　はい。飲み込みにくい食品というのがあって、その一つが水分。何故かというと、水とかお茶はさらさらしていて咽頭を流れるスピードが速いんです。要は、蓋が閉まるスピードと水が流れるスピードが噛み合わなくなってしまって、気管から肺へ流れ込んでしまう。とろみにしてもゼリーにしても、ゆるやかに流れていきますので、そのスピードがコントロールできるんです。

　それから焼き魚やゆで卵などはパサパサしていて、口の中や喉の奥でバラツキますよね。また、かまぼこやこんにゃくは噛んでいくと小さなかけらがパラパラして、唾液を含んでもまとまらないので飲み込みにくい。それから、お餅など、べたつくものは口腔内や喉にへばりつくので、飲み込みにくい。

　その逆で嚥下しやすい食品の条件は、やわらかいこと、まとまりやすいこと、べたつかないこと。この三つの条件をクリアしたとろみやゼリーをつくれるのが「ソフティア」です。

川口　お味噌汁やスープ、ジュース、コーヒーなんか、何でもとろみをつけたいものに入れるといいのよね。スティック状になっているものが市販されているから、それを入れたらいいんだわ。使い勝手がいいのよね。

とろみ剤を使おう

横山　「ソフティアS」ですね。「ソフティアS」の特長は、オレンジジュースであろうが、牛乳であろうが、濃厚流動食であろうが、液体の種類を選ばず添加量は全部一緒なんです。「薄いとろみ」を作りたい場合、どんな液体でも三〇〇ミリリットルに対して三グラムを加えれば同じとろみ具合になります。

川口　対象を選ばない？

横山　そうですね。液体の種類を選ばず同じ添加量で同じとろみ具合になるので、高齢の方でもわかりやすいと思います。

川口　冷たくても温かくても、とろみがつく。そういう意味でも使いやすいですよ。材料は何でしょう。無味無臭ですよね。

横山　味は変わりませんね。「ソフティア」の原料は、デキストリンと増粘多糖類からできています。簡単にいうと、糖質と食物繊維です。市販のドレッシングなどによく使われるものです。当社は原料粉末を造粒（粒を造る）する技術を持っており、自社工場で一貫製造しています。

川口　介護食、病院食を作る上で外せないのが、とろみなんです。私が病院で栄養士をしていたときはとろみ剤を使う機会が多かったのですが、今、在宅に入って「とろみ剤」といっても、知らない方が多いんです。やわらかく煮てつぶしたり、片栗粉を入れたり、皆さん、ご苦労なさっているんですけど、こうした製品があることを知っていれば、ずいぶん楽だろうなと思ってご紹介したかったんだけど。

横山　そうですね。病院や介護施設ではたくさん使われている便利な製品ですが、お家ではまだまだ知ってもらう機会が少ないんです。

川口　食の安全に直結している部分なんですけどね。大学病院にいると、誤嚥性肺炎で運ばれてくる人がすごく多くて、ＩＣＵにあるベッドの半分は誤嚥性肺炎の患者さん。循環器の医師が、自分たちは肺炎専門医じゃないって嘆くほど、そういう患者さんが多いんですよ。

「ソフティア」はシリーズになっていて、とろみは「ソフティアS」で、ゼリー状にするのは「ソフティアU」ですよね。

家族と同じ食卓につくために

横山　そうです。「ソフティアU」はおかゆ用として販売しています。炊きたて全粥二〇〇グラムに一グラムの「ソフティアU」を加えて、ミキサーで混ぜれば、ぷるんっと飲み込みやすいゼリーになります。全粥以外の食材も、「ソフティアU」の他に出し汁を加えてミキサーにかければゼリーにできます。「ソフティアS」のようにただ混ぜるだけではなくて、調理が入ってきます。その分、ちょっとハードルが高いですが、ご家庭でも結構ニーズがあるようです。

二〇一三年に『おうちでできる えんげ食』というソフティアUを使った書籍に編集協力をしたのですが、発売後半年で一万部を突破しました。また、クックパッド（現・おいしい健康）運営のウェブサイト「おいしい健康」にも関心を持っていただき、当社考案のレシピを掲載いただいています。さらにNHKカルチャーの依頼を受けて、一般の方を対象にした講座に講師を派遣し、協力しています。

一般の方に知ってもらう活動を行う中で、非常に高い関心を持たれていると実感しています。「ソフティアS」よりも「ソフティアU」はゼリーにする手間はありますが、求められているなど。現在は病院や介護施設での利用が主ですが、今後は在宅での利用が進んでいくように思います。

川口　「ソフティアU」ですよね。どういうふうに使われる？簡単に言うと。

横山　簡単に言うと、①加熱調理した食材、出し汁、「ソフティアU」を計量し、②ミキサーにかけ、③加熱し、④ラップなどで成形する。この四ステップでゼリーが作れます。見た目を普通の食材と変わらないように成形できるので、介護食のイメージが変わると思います。

七十度以下で固まり始めるので温かく食べられますし、また冷凍保存ができるので、まとめてつくることもできます。一般の家庭でも使いやすいと思います。焼き肉、カレー、エビチリ、どんなものでもゼリーでつくれるんです。

川口　そうすれば、今、ミキサー食にして食べなければいけないような方、ご高齢の方も病気の方も、他のご家族と一緒の食卓について、お食事を楽しめますよね。

例えば、がん患者さんで、子どもたちと一緒の食卓につきたいと思っていたりしたら、こういうのは嬉しいですよね。子どもたちだって、きっとうれしいと思う。

腸を整えて、からだ全体を健康にする

太陽化学株式会社　メディケアグループ　安部　綾さん

天然由来の食物繊維

川口　私が島根大学病院で栄養室長を務めていたときのことですけど、十年くらい前に、ちょうど世の中で食物繊維がすごく大切と言われはじめて、いろんなメーカーがいろんな食物繊維やそれを使った製品を出しはじめたの。

モルヒネ製剤を使っているがんの患者さんの大半は、副作用の便秘に悩まされるし、入院している高齢者の方には便秘対策が欠かせない。その一方、人工肛門や経腸栄養の患者さんには、下痢で困っていらっしゃる方が多かった。

そういうなかで、たしかに食物繊維を摂ることが大切なんだけど、私はその質が大切だと思っていたんですね。というのも、化学的につくられたものも多く出ていて、それを使うと下痢がよけいにひどくなったんです。そんなとき、天然由来の「サンファイバー」を持ってきてくださったんです。

安部　そうですね。「サンファイバー」はグァー豆を素材にした一〇〇％天然素材の食物繊維ですから、安心して使っていただけると思います。

川口　そこで、食物繊維は物理的に必要なだけじゃなくて、機能性が大切というお話を聞いて、すごく納得したんです。一般の人は、食物繊維はみんな同じだと思ってるんですよ。

安部　少しご説明いたしますね。

「サンファイバー」はインド・パキスタン地方の砂漠に生えるグァー豆を素材としています。グァー豆からは粘度の高いグァーガムという食物繊維がとれ、それを低粘度化したものが「サンファイバー」です。「サンファイバー」は、二十年くらい前から医療現場で使われており、病院では主に排便コントロールに使われています。

腸の栄養？

川口　便秘と下痢、どちらにも効果があるということが、一般には不思議に思われるんじゃないかな。

安部　そうなんですね。ふつう、食物繊維は便の量を増やすことで便を出しやすくすると思われているんですが、「サンファイバー」は水溶性で水に溶けてしまうので、便の量を増すのではなくて、腸内に棲む善玉菌の餌として使われます。

善玉菌はこれを食べて発酵して酸を出すという性質があって、善玉菌が出す酸が私たちの腸の栄養となって、腸の絨毛《じゅうもう》をしっかりと育ててくれます。善玉菌を摂るといいとか、食物繊維やオリゴ糖が便通に効くのは、それが主な理由だと考えられています。このため、便秘、下痢のどちらも改善されていくんです。

川口　腸内環境を整えてくれるんですね。酸が腸の餌になる？

安部　はい。ここで発酵される酸は短鎖脂肪酸といって、腸の栄養として使われるだけでなくて、血液に溶け込んで全身をめぐって、脂肪の燃焼を促す、つまりダイエット効果も期待できますし、炎症を防ぐなど、様々な効果があるということがわかってきました。

私たちはお腹の中にたくさん菌を飼っているんですけど、腸の中には、健康な人で一、二キロの菌が棲んでいるといわれています。その菌が、短鎖脂肪酸をはじめ、体の調子を整えるために、様々な物質をつくってくれるので、わざわざ棲んでもらっているんです。

川口　宿を貸してあげている？

安部　はい。でも宿を借りているだけじゃなくて、体のために必要なものもつくってくれる。共生関係とも言います。

例えば、発酵食品のぬか漬けとかヨーグルトのように人にとっていいものをつくってくれるのが細菌の作用ですが、それが悪いものをつくると腐敗になります。腐敗と発酵は同じで、菌が何かを食べて出すもの。人にとって悪いものを作ると腐敗というんですが、いいものをつくってくれると発酵といいます。菌には、いいものと悪いものがあります。

腸の中には悪玉菌もいますが、悪玉菌が多すぎると腐敗物質がたくさんつくられ、それが発がんの原因になったり、肌荒れの原因になったりもします。なので、善玉菌をしっかり増やすということは、便秘、下痢を治すだけではなく、体全体をよくすることにもなります。

腸の絨毛が整ってないと水分を吸収できなくなって、便に水分がたくさん残ってしまって下痢になるんです。逆に、絨毛がしっかりしてくると、水分や栄養もちゃんと体に入っていきますので、下痢が治ったり、栄養状態が改善したりということにつながっていきます。

川口　基本のところですね。排便コントロールに使う

自然素材にはオリゴ糖などがありますが、働きが違うんですか。

安部　オリゴ糖と食物繊維の違いは単に長さの違いです。糖が手をつないで鎖のようにつながった構造をしているんですが、オリゴ糖は十個以下、食物繊維は十一個以上という違いがあります。長さの単位は分子量が用いられるのですが、「サンファイバー」は二万くらい、オリゴ糖は五百くらいです。基本的に長いほうが、血糖値を下げたい方やコレステロールを下げたい方など生活習慣病の予防効果が期待できます。

もう一つの特徴としては、短鎖脂肪酸の中でも酪酸をつくる量が非常に多い繊維ということで、この酪酸が大腸の栄養としては一番大事なものなのです。

川口　お腹の中でいろんなものをつくるんですね。

安部　善玉菌が食べてくれて、分解されてこれが出てくるんです。まあ、善玉菌のうんちみたいなもの。

川口　土の中のミミズのうんちと一緒ですね。畑を耕す。

安部　畑を耕すように、腸を耕すということになります。

介護施設での排便コントロールの取り組み

川口　安部さんは、ラボで研究をしていらっしゃったんですよね。今、病院や施設を回っておられますね。

安部　「現場の方に会って勉強してきなさい」という会社の方針であちこち回っていますが、すごく勉強になります。

今、高齢者施設では、ずっと入所しているんじゃなくて、元気になってお家に帰れるようにと自立支援をしているところも増えています。で、そのためにはオムツを外すことが大事ということで排便コントロールに取り組まれています。でもまだ、三日便が出ないと下剤を使う施設が多く、下剤をずっと使っているために水様便になり、それでオムツが外れないという悪循環になってしまいます。

それに、下剤を使っていると、どうしても腸内環境が悪くなって、善玉菌が減ってしまう。絨毛もダメージを受けるので、できるだけ薬に頼らないで、腸内環境を改善して、全体を整えていくほうがいいということで、食物繊維に注目して使っていただくところが増えてきました。

川口　実際に使ってみて現場の反応はどうですか。

安部　最初は「えーっ、そんなの大変」って感じでしたね。三、四日でよくなるような即効性のあるお薬ではありませんから。それでも一、二カ月でよくなってきます。

すっきりと大きなうんちが出るようになると、食欲が出るし、腸の状態がよくなると栄養が血液に入っていくので、体重が増えたり、褥瘡《じょくそう》の改善につながったりします。実際に、表情が変わられるし、元気になると、もう元の排泄ケアには戻れない、とおっしゃいます。

川口　口から食べることも大事だけど、腸の状態が悪いと栄養が入っていかないので、腸の状態を整えることが栄養状態を改善するためにはすごく大切なことなのよ。

もう一つの「サンファイバー」

川口　現場を知っているメーカーさんはどんどん吸収されて、現場のニーズにあった製品を開発されますよね。

安部　こちらは「サンファイバーＡＩ」といって、便秘用に開発したものです。高齢者は、下痢よりも便秘の方が多いので、いろんな天然の食物を研究して、効果のあったものを選んでつくったものです。今、こちらのほうが高齢者施設では多く使われています。

　イヌリンとグァー豆の二種類の繊維が入っていますが、イヌリンはチコリ、ゴボウ、キクイモなどに入っている世界中で一番多く使われている繊維なんです。このイヌリンは酢酸をたくさん出します。酢酸は腸の動きがよくしてくれるので、便秘の方にはより直接的な効果があります。

介護する人にもされる人にも

川口　「サンファイバー」のよさは、ほとんど無味無臭で使い勝手のいい点ですね。お味噌汁にも餃子のスープにも何にでも溶けるし。妊婦さんにも赤ちゃんにも使えるし、腸に疾患がある赤ちゃんの治療にも使える。入手方法は？

安部　通販でお買い上げいただいています。一箱スティック三十本入りで二三〇〇円（税抜）。目安として一日二本をお勧めしていますが、薬ではないので、調整して使ってもらえます。

川口　一本八十円くらい、毎日使えるお値段ですね。本当に腸だけじゃなくて、生活習慣病の予防になるから。高齢者や病気のご家族の介護をしている方も楽になるでしょう。ご本人ももちろん楽になるから、紹介したかったんですよ。

〈座談会〉介護する人にも介護される人にも
もっと身近に　もっと便利に
もっと豊かで楽しい食卓に

キユーピー株式会社　伊藤　裕子さん
庄司　龍市さん
中東　美幸さん
イーエヌ大塚製薬株式会社　北村　研さん
藤井　洋光さん
ニュートリー株式会社　横山　祥子さん
門田　収平／川口　美喜子

みんなが知らない？　使わなくても食事はできる？

川口　今日は、お集まりいただきありがとうございます。

皆さん、在宅と向き合われて、今後、在宅に必要と感じられたところから製品を開発されていますが、介護の場面で食にどういうニーズを受け取っていらっしゃるのか、おうかがいしたいと思います。

一般的には、介護食は医療の分野に入らないように思われていて、高いものだから贅沢だとか、そんなもの使わなくたって昔の人はなんとかやってきたからいらない、と考えている人が多いです。「私たちは別にそういうものを使わなくたって、あるものでいいのよ」というような。在宅看護の世界でも、「自分の能力に合わせて食べていければいいんじゃないの」みたいな受け止め方が、すごくある。

でも、私が「そうじゃないんですよ」と言って、「あいーと」を試食してもらったらみんな感動するし、「ソフティア」を使って、とろみの正しい付け方を説明すれば、「あぁ、とろみ剤ってこう使うんだ」って感心されるし、「やさしい献立」のメニューを見せて「こんなのがあるんですよ」と言えば、「どこで売ってるの？」とすぐに尋ねられる。だけど、世の中はそんなに認知していないんですよ。

私が栄養士として「暮らしの保健室」に行くと、ご主人に嚥下障害がある方から何か料理を教えてほしいと相談されて、状況を訊くと本当に困っておられて、ご飯を潰したりしていたとおっしゃる。こういうものを知っている人って、本当に少ない。だから「無理されなくても、時々こういうものを使ってもいいんですよ」って伝えたいんです。

おじや親子丼風（キユーピー　やさしい献立）

介護にゆとりをもつために使ってほしい

門田　ＮＨＫの門田と申します。よろしくお願い致します。

今日は、今後、在宅介護の現場でこうした介護食がどういうふうに広がっていくのかというところを、素人の観点からうかがわせてください。よろしくお願いします。

早速ですが、一般的には、「介護食」って、なくても生活は成立するというプラスアルファの部分と考えられている思うんです。

中東　確かになくても、現に今ご家庭では成立しているんですよね、食事って。実際に、「それは私が作っているからいらないわ」とおっしゃるんですけど。

でも、私たちがお役に立ちたいのは、毎日使ってほしいというわけじゃなくて、介護って本当に大変ですから、これを使っていただくことで、日々の介護にちょっとゆとりをもつとか、他の介護の部分にその時間を使っていただくとか、そういう使い方をしていただければいいのかなと思っています。ですからもっと日常的な、レトルトカレーを使う感覚で、「今日は忙しいからこれで」って自然に出てくるようになればいいかなと思っています。

北村　在宅を回られているお医者さんからも、同じニュアンスのことを聞きますね。介護する側の人が、どうしても頑張りすぎちゃうから。とろみ剤やレトルト食品を使えば少しでも負担を減らすことになるのでは、と。

川口　今、在宅はすごく看護が進んでいるけど、介護の分野では食が取り残されているんですよ。選択肢がない。介護する方がちょっと疲れたとき、ちょっと外出したいとき、旅行に行きたいとき、全部あきらめてしまっている。でも、冷凍のもの、とろみのもの、レトルトを持って行けば、旅行だって一緒に行けて二泊三日くらいできるはず。

でも、そんな発想がなくて、食べることで日常が制限されている。生活が狭まっているんじゃないかと。だから、もっと楽に生きるための選択肢としてどう広げていくかというところ。日常にどう落とし込んだらいいんでしょう。

日常に落とし込むには？

中東　日常にこうした食品やとろみ剤などが落とし込めないのには、介護する側の心理的な背景も大きいかなと思ってます。買ってきたものをそのまま食卓に出すということに対して、まだまだ抵抗感が大きい。販売いただくお店が増えても、なかなか手に取っていただけないんですよね。知っていても、こういうものを使うということに対して、ある種の罪悪感もあるのかなと思います。お父さんに既製のお惣菜なんて……とか。

庄司　でも、「老老介護」という言葉が出て結構経ちますけど、内容が少し変わってきたように思います。ちょっと前の老老介護は、「老老」と言いながらもそれなりに動けるし、少し飲み込みが悪いけれど食べられるというのがあった。

私の義理の父も、他所に出前を頼んだりするのは絶対にダメな人でした。今、義母の調子が悪いので義父が二人分の食事をつくっているんですね。でも最近、体調を壊してきつそうだったから、私が「こういうものがあるよ」って言うと、最初は拒否していたんですけど、少しずつ……。本当に動けなくなってくると、ちょっと使ってみようかなってなるんですね。

それから今、認知症の人が五百万人くらいといわれていますが、介護の何が大変かというと、実は食事の介助が大変なんですよね。ものすごい時間や手間がかかる。食べさせることに疲れてくるとなると、全部つくらなくても、半分くらいはこうした既成のものを利用することで、食べさせるほうにパワーを使えると思うんですよね。それがこれからの時代じゃないかと感じるんですよね。

横山　「介護食がなくても成立する」というお話もあったんですけど、その一方で、嚥下障害や新型栄養失調（低栄養）などで本当に必要とする人もいるわけです。そこには確実に必要な情報、必要なものを届けないといけないと思うんです。飲み込みに不安で少食傾向の方でも、飲み込みやすくすることで、水分や栄養が摂れるようになるのであれば、必要な情報だと思います。

川口　こういった商品が身近にあれば、「ああ、これでいけるじゃない」みたいな。それをちょっと足していけばいいじゃない。普通の家庭のことじゃない。片栗粉で温めなくても、とろみ剤をいつも手元においておけばいいじゃない、みたいな。そんなふうなものが、みんなの手元、それから施設に届けばいいんだけど。

一緒に食べる　自分の意思で食べる

川口　食べない人も多いんですよ、三食つくるのが大変だから

赤魚の素焼き　銀酢仕立て（イーエヌ大塚　あいーと）

朝晩二食になったという人が多い。二食が一食になっている人も多い。「暮らしの保健室」に毎週来られる高齢者の男性は、奥さんが亡くなった後、はじめはがんばってやっていたけど、今は麺類を一日一食。だから、私が行ってつくる「木曜日のご飯が楽しみなんだ」と。

庄司　一食じゃ絶対、栄養が足りないですよね。

川口　「だんだんご飯をつくることに疲れちゃって、台所が寒いから立つのが嫌になっちゃって」食べなくてもよくなって、だから麺類を一回食べるだけ。そういうフレイルの人が増えてくるという感じ。

藤井　食べることも大事ですけど、「暮らしの保健室」のような場所が絶対に必要になってくると思います。私がお邪魔させていただいたときも、皆さんすごく楽しそうにお食事をしておられて。家で一人だと粗食ですませちゃう。
　プレートが出てきたら、みんな盛り上がる。介護のところってそういうのがまだ弱いのかなって。

門田　一緒に楽しく食卓を囲めたらいいですよね。皆さんが。

庄司　大塚さんの「あいーと」は普通の食事と見た目が変わらないので、同じ食卓で食べていて差別化されている気がしないですよね。自分だけミキサー食を出されて、栄養は同じだと言われても、それはちょっとなんか。楽しく食べられないから、介護する側も買ってきたものをただ温めて出すだけではつまらないし、気がとがめるのかもしれない。
　デイケアに行くと、お昼ごはんをみんな美味しそうに食べているんですよ。あれは仲間がいるってこともあるけれど、ソースをかけるだけでも利用者さんが自分でする場面をつくっていて、それが楽しみにつながっている。
　全部出来上がった食事を出すだけではなくて、「こうして食べてください」と言ってひと手間残す。それが自分で手を動かすことにつながると、それが楽しみにつながる。相手との会話にもつながると、楽しさが出てくるというような感じがする。そこに一つヒントがあるような気がするんですよね。

川口　その人の食べることについても「尊厳を守る」というのかな。オムツになったらだんだん落ちていく人がいるのは、その人の尊厳を守れないからでしょう。食べることについても、それが言えると思うんですけど。

北村　自分の意思で食べているという部分が、すごく大切だと思うんですよね。すべてが準備されていて与えられるようなものだと、自発的な食事には感じられない。少しでも自分なりに調整したりという部分があると、自分で食べているという感覚になると思う。

ろみビール（ニュートリー　ソフティアＳ）

　それはやっぱり意識、自分で食べるとか、生活するとか、生きていくという意識につながるから生き生きしてくる。

誤嚥性肺炎と食事の指導

門田　ニュートリーさんは、クックパッド（現・おいしい健康）と提携して嚥下食の提案をしていらっしゃいますよね。本の出版に協力したりとか、レシピサイトに載せたりとか。反応はどうですか。

横山　クックパッド「おいしい健康」とコラボレーションして、嚥下食のレシピを紹介したり、『おうちでできるえんげ食』という書籍に協力いただいています。レシピサイトは、びっくりするアクセス数が出てきました。予想以上の反響で、世の中には嚥下食のニーズがあるのだなと実感しました。

　数年前に一般の方を対象にしたシンポジウムを栃木県の地方新聞社と共催したのですが、そのとき、誤嚥性肺炎のリスクを軽減するための一つとして嚥下食があるということが、認識として全然つながってないことを実感しました。「嚥下食ですよ」と出したら、「誤嚥性肺炎になったことはあるけど、僕には早いよ」とおっしゃったお年寄りがいて、疾患と食事が結びつかないんだなと実感したことがあります。

中東　そこまで自分は落ちてない、と思いたいという気持ち、認めたくない気持ちもあるんですかね。

横山　「病院食でしょう」みたいなとらえ方をされることがあって。ニュートリーはとろみ剤だけでなくてゲル化剤もつくっているんですが、その製品を使うと、見た目も味も温かさも普通の食事と変わらないゼリー状の嚥下食がつくれます。目で見て「食べたい」とか、「美味しそう、こんなことできるの？」とか、少しでも食べることに関心をもってもらい、「食べたい」と自発的に動くきっかけになればいいなと思っているんですけど、現状ではそれを在宅の現場に持って行っても作り手がいなかったり、時間がなかったり、介護力が低いとなかなか継続が難しいケースもあるようです。

川口　でも使い続ければ、誤嚥性肺炎の人はグンと減るのにね。

藤井　誤嚥性肺炎の場合、病院ではある程度強制的に食事をとらされているけれど、家に帰ったら、もう治ったからって。

川口　そのときに、いろんな選択肢があることを知れば使うかもしれない。でも退院するときに、誤嚥性肺炎の人はきちんと食のことを提案されてないの。

庄司　肺炎が日本人の死因の三位で、その八割くらいが誤嚥性肺炎なんだけど、その認識がなくて、自分にはあまり関係のない病気だと思っている。認知症が進んでくると出現する神経障害は、必ず嚥下障害を伴う。「うちのお父さん、ちょっと惚けてきた」みたいな話をしても、その先に嚥下障害が出てくるということは知らない。

ある日突然、嚥下障害になってあわてて対応できないということになると、一日一食になったり、そういう悪い方向に進んでしまう可能性があると思うんですよ。それが喫緊の課題になってくるんじゃないかと思うんですよね。

門田　そうなったとき、家庭で食事を作るのは難しいですよね？

庄司　大変だと思います。嚙めないという問題であればやわらかい食事ですぐに対応できるんですけど、飲み込みの問題が出てきたら、ちゃんと専門家の指導を仰ぐ必要がある。ただ、今、飲み込みが悪そうでも、すぐに専門家の指導を仰ごうとか、肺炎の心配をする人はあんまりいないんじゃないかなと思うんですよね。

食べることがおざなりになっている

川口　今、コミュニティセンターに栄養士を入れて、誰でも相談できるようにしようと、嚥下のことや食事のことを周知していて、選択肢をいっぱいもった栄養士を配置しようと言っているんですけど、現実にはほとんどないんです。

相談内容もお金のことや医療との橋渡しのご相談。食の問題はその中に埋もれてしまってか、必ず「食事は？」と尋ねるんだけどカウントされてない。データとして出てこない。

北村　その一番の理由は、介護はわからないことばかりだけど、食事は自分でなんとかできると思っているから、それとも、医療や介護の方からすれば、もっと他にやらなきゃいけないことがあるからか……。

川口　食べることが衰えていくことは、その人の生命の中での「なりゆき」として、あまり積極的に問題にしないの。

熱が出たら大変、誤嚥したらすぐに息が止まるから大変、でも、

おじや親子丼風(キユーピー　やさしい献立)

伊藤　食べることについては緊急性がないからおざなり。三日間食べられなかったからどうしましょう、と考えるよりは点滴してしまいますから。

「年齢とともに食べることが少なくなるのは当たり前」みたいなこともあって、置き去りになりがちなところもあるんですかねえ。本来は、やっぱり食べられないとどんどん弱っていくから、そこをサポートするのはすごく大事なことのはずなのに。

川口　一番は脱水の心配です。高齢者=脱水の問題というのは、すごくクローズアップされているから。

藤井　そうかー、食とか栄養とかいう部分の重要性の認識がまだ薄いということなんですかね。

川口　だから食べることの難民、栄養難民が溢れている。でも一歩家に入れば、「どうやって食べればいいの?」みたいな。

北村　食べて栄養を摂ることと、医療とがつながっていないんですよね、きっと。そこの意識付けがもっとされないと、そこが広がっていかないですよね。

適切な食につなぐ役割—栄養士の役割

門田　「やさしい献立」や「あいーと」といった商品が目の前にあっても、利用者は自分がどの段階のものを食べていいのかわからない。商品と利用者をつなぐ人や仕組みが絶対必要だと思うんです。それなくしては選ばれないし、使われない。

横山　きっと段階があって、まず病院で「嚥下障害」ってフラッグが立っている人に対して、退院するときに、お家に戻ってこういうふうに使うんだということが栄養指導されるというのが最初なのかなと思っています。

また現在では農林水産省で「スマイルケア食(新しい介護食)」の普及が進んでいます。消費者庁でも特別用途食品「えん下困難者用食品」の活用を検討する動きもあり、一般の方が選びやすい食品表示基準の整備は進んできています。さらに、平成二十八年の診療報酬の改定では、外来・入院・在宅栄養指導に摂食嚥下障害患者が対象に含まれるなど、仕組みづくりも進んできていると思います。

中東　「やさしい献立」は、噛んだり飲み込んだりする食べる機能によって区分ごとに分かれてはいるんですけど、介護する方がそれぞれの、その日の状況とか食べる力に合わせて、うまーく応用されているんですよ。たぶん、手元に届きさえすれば、使い方って介護する方が結構見つけてくださるのかなって。介護者はいつも見ている方なので、一番わかっているという意味では。

川口　だけど今は待った無しの状況で、やれることをしていかないと栄養難民の人たちは救えない。一つの方法として、急性期病院を経験した栄養士がいるので、コミュニティの中にそういう人たちを配置できるような機運にする。それから、栄養士も求められているところに出ていくという信念を持たないといけないと思う。

ベビーフードと介護食

門田　赤ちゃんはみんなベビーフードを食べますよね。一方で介護食はなぜこんなに構えて考えてしまうのか、不思議だと思うんです。

中東　でも、ベビーフードもこうでしたよ。やっぱり手づくりが愛情の表現みたいな。今でこそ、お母さん達も仕事をもつし他に大事な用事もあって、離乳食にそんなに時間をかけていられない。じゃあ、便利に使おうというのが社会的風潮としてできたということが違うんだと思うんですよ。

だから介護食も、介護していらっしゃる方は忙しいに決まってますよね、食だけじゃないんですから。同じように、便利に使っていただければいいのかなって。

門田　その辺で、考え方が変わっていくかもしれませんよね。

伊藤　イメージがとにかく悪かった。いわゆる介護食っていう響きが。ドロドロのミキサー食のイメージがあるので、それで敬遠しているのも正直あったと思います。

庄司　ベビーフードと違うのは、食べるほうに意思があるということですよね。だから、「いやだ」と言われれば、家族としては強制できない。そこは、介護されている側にも食のこだわりがあるから、そこを乗り越えないと難しいかなと、たぶん、両者が同じ気持ちにならないと難しいんでしょうね。

門田　社会の流れは「在宅で介護しましょう」ということですが、共働き世帯や独身者も増えている。いったい誰が介護を担うのか。こういった状況では、広がるチャンス、広がる背景ができていますよね、今。

伊藤　実際、広がってきてはいると思うんですよ。でも、人口に対する比率はまだまだ低いのですが。間違いなく市場としては伸びているのは、われわれとしても感じる。まあ、

その昔に比べればですけど。

食に対する意識改革

藤井　病院から帰る人に対するサポートも必要ですが、病院に入る前の人、介護保険の対象になる前の方、いわゆるフレイルの方がいて、そこから始めないと、食のところは変わらないんじゃないかなという気がしていて。入院しなきゃいけなくなるとか、病院から帰るところだけのサポートじゃ、ちょっと足りないんじゃないかなって。

川口　でも、そういう人も、彼らをサポートする側の人も、食べることについては危機感がない。食べられてなくて、体力が落ちていることは知っている。食べなきゃいけないとは思っている。でも、それが医療の対象とは思ってない。

門田　今はどうしても介護者を通して介護食を見ている。介護者がどう使っていくかということから考えていく。だけど、介護される人、食べる人に知ってもらえると少し変わってくるんじゃないかなって思うんです。例えば、介護されるほうが、「最近、食欲がなくなったから」って自分で「やさしい献立」を選んで食べるという流れが一般的になると、考え方も変わってくるんじゃないでしょうか。

自分自身をフレイルの一つの段階として気楽に受け止められるようになると、つまり、食べる人の意識が変わることも大きいんじゃないかと思います。

庄司　高齢社会になれば、本当はその辺が大事な話なんでしょうけど、なかなかそうはならない。まだまだ他人《ひと》ごと。

川口　知識と、もう家庭に入らないとダメなんでね。高齢者になり、そういう状況になったら、少し便利なものを使いましょう。それが糖尿病になったらカロリーオフのキャンディを舐めるように、「ちょっと使いましょうか」みたいになってくれれば、食への意識も変わってくるかもしれませんね。

今日は、お集まりいただき、ありがとうございました。

お雑煮ゼリー(ニュートリー　ソフティアU)

キッチンにあると便利な道具

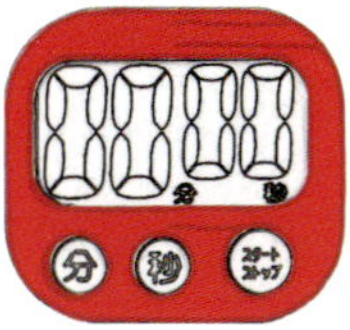

タイマー

鍋を火にかけて、他のことをしているとついつい忘れて焦がしたり……そんな時の用心に。

マッシャー

熱い芋もカボチャも、鍋の中でちゃっちゃと潰せば出来上がり。カンタン下ごしらえの助っ人です。

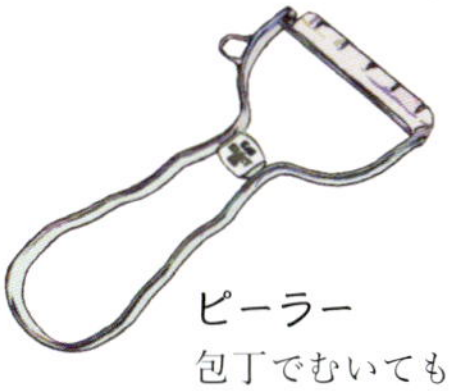

ピーラー

包丁でむいてもいいけれど、これがあればラクチン。あったはずなんだけど……、ちょっと使わないといつのまにか姿を消します。

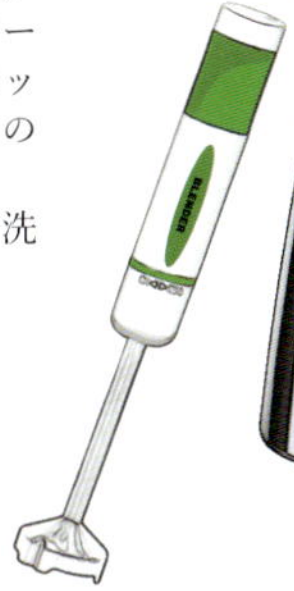

ハンドミキサー

手持ちのミキサー。これがあれば、ジュースもポタージュも器を変えずに、コップやボール、鍋などにそのまま入れて使えます。

使い終わったら、歯だけ洗えていつも清潔です。

ミキサーやフードプロセッサー

キッチンの隅でホコリをかぶっていませんか。ジュースやスープは固定観念にとらわれず、自由に作れます。動力が強く、短時間で仕上げてくれます。嚥下が心配な方、そのご家族の強い味方です。

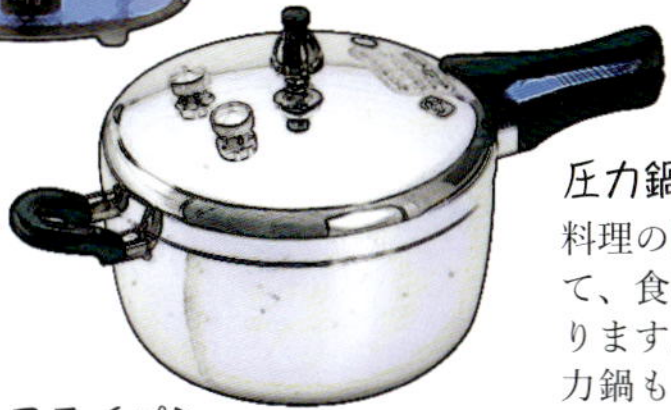

圧力鍋

料理の時間が短縮します。そして、食材が芯までやわらかくなります。少人数向きの小さな圧力鍋もあり、とても便利です。安全装置が付いていますが、お使いになる時はタイマーを忘れずに！　安心です。

小さなフライパン

16 ～ 18cm くらいの小さなフライパンは万能選手。

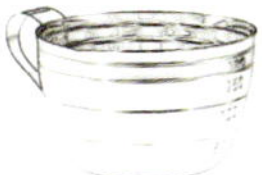

計量カップ、計量スプーンや計量器

調味料を加減したり、だし汁の分量を計ったり、材料を無駄にしたり、失敗したりしない料理の味方です。でも、料理をするたびごとに計らなくても、使っているうちに、だいたいの分量がわかってきます。

そのほか
キッチンペーパーやフリーザーバッグ

キッチンペーパーはフキン代わりに使うだけでなく、油や水を切ったり、油漉しや出汁ガラをとったりできるものもあります。フリーザーバッグは大中小とサイズはいろいろ。あまった食材や料理を入れて冷蔵庫や冷凍庫に保管しておくと、必要な時に取り出せます。また、「蒸し鶏」のように、調理にも使えます。

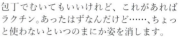

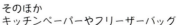

食材別索引

野菜

果物

＊索引は、主役や準主役の食材のみ挙げています。脇役ですが、大活躍しているタマネギ、ニンジン、小ネギ、ニンニク、ショウガ、牛乳などは随所に使用しています。

左）門田收平、右）川口美喜子。「暮らしの保健室」が開設されている東京新宿区戸山ハイツにて

川口美喜子　KAWAGUCHI MIKIKO

1981年、大妻女子大学家政学部卒業、1993年、島根医科大学（現・島根大医学部）研究生修了。博士（医学）学位取得。同大学第一内科文部教官を経て2004年より島根大学医学部付属病院栄養管理室長を務める。2013年より拠点を東京に移し、大妻女子大学家政学科教授を務め現在に至る。著書：『がん専任栄養士が患者さんの声を聞いてつくった73の食事レシピ』（共著、医学書院）、『老後と介護を劇的に変える食事術』（晶文社）

門田　收平　KADOTA SHUHEI

2008年、日本放送協会入局。ディレクターとして松江放送局に赴任。2013年、東京に異動となり、制作局 経済社会情報番組部にて情報番組やドキュメンタリー番組の制作にあたり現在に至る。

暮らしの保健室

〒162-0052　東京都新宿区戸山2-33 戸山ハイツ33号棟125（1階 商店街）

TEL：03-3205-3114　FAX：03-3205-3115

月～金　9時～5時（土日祝日はイベント時のみオープン）

がん療養相談：平日1時～4時半

毎月第4土曜日10時～2時

いっしょに食べよう

フレイルを予防し、老後を元気に暮らすためのらくらくメニュー

2018年2月1日　第1刷発行

著　者　川口美喜子

発行者　古野たづ子

発行所　図書出版木星舎

〒814-0002　福岡市早良区西新7丁目1-58-207

tel　092-833-7140　fax　092-833-7141

http://www.mokuseisya.com

印刷・製本　大同印刷株式会社

ISBN978-4-901483-99-5